자연스럽게 말하고

확실하게 설득하라

자연스럽게 말하고
확실하게 설득하라

해리 홀초이 지음 | 정상희 옮김

사람과 책

우리가 두려움에 떠밀려 토론하지 않게 하시고,
또한 토론하는 것을 두려워하지 않게 하소서

– 프란츠 카프카 –

Natürliche Rhetorik

차례

Natürliche Rhetorik

지은이의 말

  독자들이 이 글을 읽으면서 화술이란 오로지 남자들을 위한 것이라고 느꼈다면, 나는 서문을 통해 이를 바로잡고 싶다.

  물론 경제 분야만큼 정치 분야에도 뛰어난 여성 연설가들이 많이 있다. 그러나 실제 참여 현황을 보면 고위 관리직(화술의 재능이 가장 필요한 분야)에서 여성이 차지하는 비율은 안타깝게도 예전과 마찬가지로 미미하다.

  이 책에서 나는 '연사(Redner)'라는 단어를 남성뿐만 아니라 여성들도 포함하는 의미로 사용했다. 나는 여성들에게 스스로 뛰어난 연사가 되도록 자신의 능력을 기를 것을 적극 권장한다. 우리에겐 균형이

필요하다. 항상 남자들만이 지시를 내리는 세상이 되어서는 안 된다.

더 많은 여성들이 고위직에 진출해야 한다. 나는 이 점을 강조한다.
이러한 나의 태도가 남성들에게는 자극이 되길 바란다. 따라서 남녀
모두 승진할 기회를 놓치지 않도록 늘 준비되어 있어야 할 것이다.

해리 홀초이

개정판을 내며

개정판을 내면서 나는 이 책을 면밀히 검토하고 부족한 부분을 보완했다. 그 결과 '협상'이라는 장이 추가되었다. 협상에도 연설과 똑같거나 비슷한 '말의 규칙'이 적용된다. 그러나 한 가지 주의해야 할 점이 있다. 협상 기술의 부족으로 불만족스러운 결과를 얻지 않으려면 이 기술을 제대로 익혀야 한다.

사실 초판에 비해 달라진 것은 그다지 많지 않다. 훌륭한 연사라면 내가 이미 제시한 기준들을 항상 지키고 있을 것이다. 그간 파워포인트가 널리 사용되는 등 시각자료를 활용하는 방법들이 많아졌다. 시각자료는 실제로 어떠한 화술로도 대신할 수 없을 만큼 효과적인데,

안타깝게도 많은 사람들이 그 점을 확실히 인식하지 못하고 있다.

분명 청중들은 예전에 비해 연사들과 더욱 동등해졌다. 청중은 할 말이 더 많아지고, 참을성도 없어졌으며, 훨씬 더 비판적 성향을 띠게 되었다. 별 흥미없는 내용을 지루하게 늘어놓는 연사는 곧바로 청중의 노여움을 사게 된다. 그는 그 자리에서 바로 청중의 신뢰와 존경을 잃게 되고, 관심을 기울일 만한 가치도 없는 연사가 되고 만다. 이런 점에서 사업상의 성공과 개인적인 성공을 위한 의사소통 능력은 너무나 중요하다. 말을 잘하는 사람은 더 좋은 기회, 더 많은 기회를 잡을 수 있다.

독자들이 이 책의 조언을 실행에 옮겨 자신의 말하기 능력을 향상시키고 연설과 토론, 협상의 자리에서 빛나는 주연이 되길 바란다.

취리히에서
해리 홀초이

1 주도권을 잡아라

내가 곧 말이다.

자기만의 색깔로 청중을 사로잡아라.

개인적으로나 비즈니스 관계로 여러 사람 앞에서 말을 하게 될 때, 청중은 항상 당신을 한 개인으로서 판단한다. 물론 당신이 말하는 내용도 중요하지만, 그것은 부차적인 것이다. 중요한 것은 연사의 개성이다. 말은 곧 잊혀지지만 사람은 기억 속에 오래 남는다.

말을 잘한다는 것에는 두 가지 의미가 있다. 한 가지는, 자신의 의견을 분명하게 표현해서 청중들을 감동시키고 설득을 통해 영향력을 행사할 수 있는 것을 말한다. 또 하나는, 악랄하고 교활한 혀로 거짓조차도 진실인 양 말해서 청중을 마음대로 주무르는 것이다. 특히 히틀러와 괴벨스(나치 독일의 선전장관 파울 요제프 괴벨스 박사. 미디어 조작을 통해 단시간에 독일 국민의 정신을 지배했다 - 옮긴이) 이래로 사람들에겐 커다란 두려움이 생겼다. 능란한 언변에 현혹되어 옳지 않은 일에 휘말릴지도 모른다는 걱정이다.

어떻게 하면 확실하게 청중을 사로잡을 수 있을까? 어떻게 하면 억지로 꾸미지 않고 자연스러울 수 있을까? 너무 완벽한 화술을 추구해서는 안 된다. 말을 완벽하게 잘하는 사람은 일반 청중보다 지나치게 우월해 보이기 때문에 오히려 거리감을 주며, 연설이 완벽할수록 사람들은 더 큰 거부감을 느낀다. 화술적으로 완벽한 언변은 거부감과 분노를 불러일으킨다. 인위적이고 순수하지 않으며, 훈련된 모든 것은 부정적으로 작용한다. 그러나 순수한 것은 무엇이든지 설득력을

보기1 나는 어떠한가?

확신을 주는 화술	거부감을 주는 화술
자연스러운 언행	인위적인 언행
순수한 언행	훈련된 언행
자발적인 태도	자기제어가 심한 태도
자연스러운 표정	연출된 표정
자연스러운 몸짓	연출된 몸짓
편안한 자세	뻣뻣한 자세
자연스러운 동작	부자연스러운 동작
일상적인 말투	딱딱한 말투
짧고 간단한 문장	길고 미려한 문장
약간의 말 실수	완벽한 화술

지닌다(보기1 참조). 당신은 반드시 자기 고유의 개성에 충실해야 하며, 자신에게 맞지 않는 모든 기교를 피해야 한다.

> 주도하는 사람은 자기 자신뿐 아니라 자신의 실수까지도 끌어안는다.

즉흥연설에서는 실수를 해도 괜찮다. 오히려 청중은 연사의 실수에 공감하고 편안함을 느낀다. 연사가 실수하면 청중은 속으로 이렇게 생각한다. "나도 저럴 수 있지!" 그러나 너무 완벽하여 한치의 실수도 없으면 거부감을 느낀다. 완벽하게 말하는 사람은 일반적인 청중들의 수준을 뛰어넘어 너무 잘난 사람이 되어버린다.

1. 자기 자신을 믿어라

자신에게 익숙하지 않은 또 다른 내가 되려 하지 말고 언제나 자기 자신으로 살아라. 당신 스스로 자신을 소외시키면 제대로 되는 일이 없다. 당신의 말 또한 상대에게 확신을 주지 못한다.

> 모든 사람에게는 저마다 고유한 품성이 있다.
> 이 세상에 당신과 똑같은 사람은 아무도 없다!

그러나 안타깝게도 고유성은 사라져버리고 말았다. 왜일까? 연설이 항상 획일적이기 때문이다. 사람들은 중요한 위치에 올라가기만 하면 꼭 그렇게 행동한다. 직위나 역할이 어떤 특정한 행동양식과 우월감을 만들어낸다.

획일적인 연설은 금물이다. 자신을 대중과 격리시켜서도 안 된다. 당신 자신을 증명할 길은 단 하나뿐이다. 바로 당신 고유의 개성을 실현하는 것이다. 자, 이제 진정한 자기 자신이 되자!

▎자신의 근본을 부정하는 것은 스스로를 부정하는 것이다!

자신과 관계된 것이라면 그 어떤 것도 부정하지 말라. 그것은 바로 당신의 일부이다. 당신이 떨쳐버리려는 것, 지워버리고 싶어하는 것, 부정하는 것은 나중에 반드시 당신의 단점이 된다. 당신은 더 강해지는 것이 아니라 더 약해질 뿐이다. 오늘의 당신을 있게 한 모든 것을 받아들여라. 자신의 태생, 어린 시절, 청소년기, 부모님이 계신 집, 가정교육, 학교, 교육 과정(실패한 교육이더라도!), 나라, 전통, 역사를 모두 받아들여라.

다른 사람들이 당신에게 행하는 모든 지적과 충고를 의심하라. 자신의 감정을 믿어라. 당신에게 영향을 미치는 여러 가지 조언들을 스스로 시험해 보라. 비디오카메라를 들고 자신의 내면으로 들어가 화면에 비치는 자신을 똑바로 바라보라. 그러면 그 조언들이 당신에게 유용한지 아닌지를 알 수 있을 것이다.

화술책에 나오는 충고에 무턱대고 따르는 것도 좋지 않다. 모든 문제를 뭉뚱그려서 간단하게 만들어버리기 때문이다. 충고를 하는 것은 매우 위험한 일이다. 말 그대로, 충고란 충격을 가하는 것이니까 (독일어로 '충고(Ratschlag)'는 '때리다(schlagen)'의 명사형이다)! 그밖에도 다른 여러 충고들이 모두 당신에게 들어맞을 수는 없다. 소위 잘 팔린다는 화술책에 나오는 두루뭉술한 충고를 따르다 보면 오히려 큰 손해를 입을 수도 있다.

> 자연스러운 화술에는 개성이 배어난다.
> 두루뭉술한 충고들은 낡아빠진 화술일 뿐이다.

먼저 대중 앞에 나서서 사람들이 당신의 말에 동의하도록 설득해 보라. 너무 어렵거나 미덥지 않은 말로 들릴 수도 있겠지만, 그렇게 해야 한다. 남에게 자기 자신을 제대로 납득시키지 못하는 사람은 그 어떤 좋은 의견으로 무장한다 해도 사람들을 설득할 수 없다.

대중을 사로잡는 사람은 빈약한 논거를 가지고도 곧잘 설득에 성공한다. 그는 청중을 자기 사람으로 만든다. 사람들은 다른 누구보다도 그의 말에 가장 공감하며, 그가 하는 말을 곧이곧대로 믿는다.

2. 뚜렷한 개성으로 청중을 사로잡아라

연사의 개성이 강할수록 그에게 동의하는 사람과 그렇지 않은 사람이 뚜렷하게 갈린다. 개성이 확실한 연사의 말을 들으면서 '미지근한' 태도를 유지하는 사람은 없다. 그의 말에는 어느 누구도 귀 기울이지 않을 수 없다.

> 성공하는 사람은 언제나 온전한 자기 자신으로 산다.
> 그들은 정확하고 설득력이 있으며, 강한 인상을 남긴다.

강한 개성은 뚜렷한 인상을 남긴다. 하지만 그 인상이 항상 긍정적인 것은 아니다. 한편, 개성이 약한 사람은 아무런 인상도 남기지 못한다. 그는 사람들의 뇌리에서 그저 스쳐 지나가버린다. 약하고 트릿해 보이는 개성은 기껏해야 희미한 기억만을 남길 뿐이다. 사람들은 이런 연사를 곧 잊어버린다.

만약 당신이 청중의 관심을 90퍼센트 이상 끌어내 설득에 성공한다면 더 이상 바랄 것이 없다. 모든 사람을 내 편으로 만들 수는 없는 법이다. 당신의 견해에 강하게 반대하는 사람이 5~10퍼센트는 된다. 100퍼센트의 '미지근'하고 무관심한 청중보다는 5퍼센트의 반대자가 훨씬 낫다.

> 모든 사람을 포섭한다는 것은 어느 누구에게도 불가능한 일이다.

3. '이상적인 나'와 '현실의 나'를 구별하라

어린 시절과 청소년기에 우리는 이상을 품는다. 자신의 미래를 상상하고, 마음속의 우상을 생각하며 자기도 그렇게 되겠다고 마음먹는다. 그러다가 자신의 실체를 발견하는 때가 온다. 그러면 불가능한 줄 알면서도 이상에 집착하고, 결국 커다란 실망을 맛보게 된다.

있는 그대로의 자신을 받아들여라. 쉬운 일은 아닐 것이다. 이러한 현실과 이상의 괴리 극복이 관건이다. 사람들은 결코 도달할 수 없는 '이상적인 나'를 갈망한다. 자신에게 너무나 많은 것을 바라고 그 욕망을 이루기 위해 애쓴다. 그에 따라 실망은 더 커지고, 그럴수록 현실을 더 감추려 한다. 당신은 자신의 허황된 욕망을 결코 충족시킬 수 없을 뿐 아니라, 자신이 정한 목표에도 크게 뒤처져 있다. 이렇게 해서 불만이 계속 쌓인다. '이상적인 나'를 추구하는 사람이 누구인지는 금방 알아챌 수 있다. 그런 사람은 현재의 자신을 인정하지 않는다. 애써 무엇인가를 추구하는 그의 모습은 금방 눈에 띈다. 그는 진정한 자기 자신이 아니다.

> '현실의 나'를 받아들이지 못하는 사람은 자연스러운 태도에서 점점 더 멀어진다. 인위적이며 억지스러울 따름이다.
> 그는 자신의 삶을 놓치고 있다.

사람들과 제대로 소통하기 위해서는 자기 자신과의 관계를 분명히 설정해야 한다. 자기인식과 자기긍정은 의사소통 능력을 향상시키는 첫걸음이다.

자기인식은 '현실의 나'를 받아들이는 것을 말한다. 자기 자신을 받아들이기 위해서는 '이상적인 나'를 버려야만 한다. 자기긍정이란 지금 이대로의 나를 긍정적으로 받아들인다는 뜻이다. 나는 나의 장점과 단점을 인정한다. 나는 나를 좋아한다. 왜냐하면 바로 나니까.

당신이 자신의 부족한 점 때문에 괴로워하면, 그것은 청중에게 그대로 전달된다. 당신을 괴롭히는 그 무엇이 듣는 이까지도 괴롭힌다. 언젠가 세미나에 참석한 어떤 사람이 말하는 도중에 가벼운 실수를 했다. 하지만 나는 잘했다고 그를 칭찬했다. 그의 말이 끝났을 때 나는 이렇게 물었다. "당신은 말하는 도중에 작은 실수를 했는데, 창피하다고 느끼십니까?" 그는 대답했다. "아니오, 전혀 창피하지 않습니다." 나는 "그렇다면 우리도 개의치 않습니다"라고 말했다. 그러자 그가 말했다. "저도 압니다. 제가 키도 작고 뚱뚱하다는 것 역시 알고 있지만, 전혀 창피하지 않습니다." 우리는 모두 웃지 않을 수 없었다. 그는 실제로 외모가 그다지 매력적이지는 않지만 상당히 성공한 사람이다. 자신이 부족하다고 느끼는 점 때문에 쓸데없이 괴로워하지 않기 때문이다.

있는 그대로의 당신 자신과 얘기해 보라. 마틴 루터처럼 외쳐라. "여기 내가 존재한다. 나는 다른 누구일 수 없다!"

4. 사람들이 말하는 '내'가 진짜 '나'다

당신은 자신이 다른 사람들에게 어떤 인상을 주는지 알고 있는가? 과연 사람들은 당신을 어떻게 생각하는가? 당신은 어떻게 평가받고 있는가?

이를 알기 위해서는 의견 수렴이 필요하다. 물론 이러한 과정은 객관적이어야 한다. 문제는 바로 여기서 발생한다. 당신의 지위가 높으면 높을수록, 평가의 객관성은 떨어진다. 당신은 덜 칭찬받고 덜 비판당한다. 누가 감히 당신을 칭찬할 만큼 우월하겠는가? 또한 누가 당신을 비판할 만큼 용기가 있겠는가? 높은 지위에 있는 사람은 어떤 이유에서든 꾸며진 평가를 받게 마련이다.

친구들에게 조언을 구하라. 진정한 친구라면 서로에게 거침없이 충고해 줄 수 있어야 한다. 진실한 친구는 객관적인 충고를 하는 데에 주저함이 없을 것이다. 그는 당신의 행동이 어떻게 비치는지 말해 줄 것이다. 그것이 진정으로 당신을 돕는 길임을 분명히 알기 때문이다. 이 기회를 이용하라. 몇몇 친한 친구들과 모여서 서로 조언을 교환하라. 다른 친구에게 조언을 많이 해줄수록, 당신도 더 많은 조언을 받게 된다. 단, 항상 건설적인 방향으로 충고를 해야 한다. 그것은 어떻게 말하느냐에 달려 있다.

아이가 있거나 아이들과 함께 사는 사람은 아이들에게서 조언을 얻도록 하라. 아이들은 선입견이 없으며, 아주 적절한 논평을 해주는 경우가 많다.

세미나에 참석하는 것도 좋은 방법이다. 전혀 모르는 사람들과 함께 할 수 있는 공개 세미나가 가장 좋다. 객관적인 조언을 얻을 수 있는 아주 드문 기회이다.

> 다른 사람이 느끼고 겪은, 다른 사람에게 보이는 그대로가
> 나의 참모습이다.

다른 사람들이 보는 당신의 모습 그대로를 받아들여야 한다. 스스로 자신을 받아들이지 않으면서 어떻게 다른 사람들이 받아들여주기를 바랄 수 있겠는가? 자기의 실제 모습을 인정하지 않고 이상적인 자신의 모습을 좇으려는 사람은(보기2 참조) 부자연스럽고 억지스러우며 항상 긴장한 듯 보인다. 그런 사람은 위선적으로 느껴지기 때문에 청중의 심금을 울릴 수 없다.

5. 자기 자신을 올바르게 평가하라

자신의 성격 구조를 이해하고 있는가? 자신에게 어떤 특성이 있다고 생각하는가? 자신을 과대평가하거나 과소평가하며 괴로워하는 사람들이 많다. 자기 고유의 개성을 잘못 평가하는 경우로 둘 다 위험

보기2 나의 모습, 낯선 모습

이상적인 나, 내가 바라는 모습
친근한 모습

내가 되고 싶은 모습,
자신에 대한 이상화된 관념.

실제의 나
낯선 모습

다른 사람들이 보고 느낀 그대
로가 바로 나 자신이다. 나는
다른 사람들이 나를 보고 판단
한 신체적, 성격적 특성들의 합
(合)이다.

하다. 자신에 대한 현실적인 평가는 성공의 전제조건이다. 연사로서의 당신은 어떠한가?

보기3은 개인적인 특성들을 뽑아놓은 목록이다. 이 표를 복사해서 잘 아는 사람에게 주고, 당신에게 해당되는 것에 표시해 달라고 부탁하라. 그리고 또 하나를 복사해서 당신이 직접 자신에게 해당된다고 생각하는 항목에 표시하라.

그리고 나서 목록들을 비교하라. 표시된 항목들 간에 차이가 크다면, 그동안 당신이 자신에 대해 완전히 솔직하지 못했거나 스스로를 잘못 평가하고 있다는 뜻이 된다.

이런 방법으로 많은 사람들의 평가를 받아보아라. 아마도 대부분 똑같거나 적어도 아주 비슷한 평가를 받게 될 것이다. 당신 스스로 내린 평가가 다른 사람들의 평가와 일치해야만 비로소, 당신 자신이 다른 이들에게 어떻게 보이는지 현실적인 관념을 갖게 된다.

보기3 성격 구조

나의 성격 구조는 어떠한가? 나는 ~한 성격이다		
자연스러운	솔직한	거리낌 없는
만족하는	편안한	행복한
기쁜	활기찬	느슨한
재미있는	생기 있는	대담한
낙천적인	장난기 있는	약삭빠른
짓궂은	친절한	매력적인
공손한	개방적인	다른 사람을 배려하는
호감이 가는	얌전한	조화로운
감수성이 풍부한	내성적인	신중한
겸손한	진실한	사려 깊은
말이 없는	회의적인	엄한
몰두하는	냉소적인	보수적인
비판적인	세속적인	안절부절못하는
빈정대는	역동적인	스트레스가 많은
노골적인	잘 긴장하는	산만한
성질이 급한	조심성 없는	이해력이 빠른
신경질적인	재치 있는	명백한
확신이 없는	표현이 분명한	생기발랄한
말재주가 좋은	확실한	자기중심적인
꼼꼼한	강한	건방진
직선적인	확신에 찬	안정된
원기왕성한	한 가지 일에 잘 빠지는	야심만만한
자부심 강한	목표에 매진하는	믿음직한
거만한	탁월한	책임감 강한
단호한	성실한	의젓한
능력 있는	단순한	활력 없는
책임감 있는	객관적인	진부한
양심적인	느긋한	조용한
참을성 있는		

6. 자신의 강점을 자제하라

강점과 약점은 한 가지다. 많은 사람들이 자신의 약점을 고치겠다고 굳은 결심을 하지만 오래가지 않는다. 대부분 아무런 결실도 맺지 못한다.

그 반대로 하라. 가장 먼저 자신의 강점을 파악하라. 그 다음에는 이 강점들을 제한해야 한다.

> **정도를 벗어나면, 가장 큰 강점이 가장 큰 약점으로 변한다.**

별로 믿을 만하지 못한 연사가 자신을 지나치게 내세우려 한 좋은 예가 있다. 프란츠 요제프 슈트라우스는 독일 재무장관과 바이에른 주 수상을 지낸 뛰어난 연설가였다. 하지만 자신의 연설에 광적으로 몰입한 나머지, 결국 청중을 두려움에 떨게 만들었다. 강점이 도를 넘으면 오히려 약점이 된다는 것은 사실이다. 파라셀수스(스위스의 의사이자 연금술사 - 옮긴이)가 말했듯이 "독이란 없다. 그것은 단지 정도의 문제일 뿐"이다. 보기4는 지나친 강점이 어떻게 약점이 되는지를 잘 보여준다.

보기4 강점이 약점이 될 때

강점	약점
역동적인 ⎯⎯⎯⎯⎯▶	성급한
참을성 있는 ⎯⎯⎯⎯⎯▶	무기력한
친절한 ⎯⎯⎯⎯⎯▶	아부하는
자부심 강한 ⎯⎯⎯⎯⎯▶	오만방자한

2 자부심을 가져라

자신이 하는 말을 100퍼센트 믿을
수 있다면 성공은 90퍼센트 이상 보장된다.

당신은 연사로서 자부심을 가져야 한다. 그래야만 청중의 주의를 일깨워 집중시킬 수 있다. 자부심이란 정확하게 무엇인가?

먼저 자부심이 아닌 것에 대해 말해 보자. 어떤 사람들은 자부심이란 자신의 잘못이나 약점은 생각지 않고 다른 사람들을 전혀 배려하지 않는 것이라고 생각한다. 자부심을 이런 식으로 정의 내리면 성장하는 데 한계가 있다. 자부심은 감수성의 결핍이 아니다. 또한 이기주의나 지나친 방자함도 아니다. 내가 생각하는 자부심이란 완전히 다른 것이다. 그 자부심은 성숙하고 여유 있는, 탁월한 연사만이 지닐 수 있는 미덕이다(보기5 참조). 그 자부심은 연사에게서 자연스럽게 빛을 발하는 그 어떤 것이다.

보기5　자부심

자부심이란
1. 자신의 강점과 약점을 아는 것 2. 다른 사람에 대한 자신의 영향력을 아는 것 3. 자신의 참모습과 사회적 위상을 아는 것

1. 감정적인 목표를 정하라

물론 당신의 연설에는 실질적인 목표가 있으므로 논거를 통해 사람들을 설득해야 한다. 그 점에 대해서는 나중에 다시 이야기하겠다. 그러나 이러한 이성적인 목표 외에도 감정을 어떻게 다룰 것인지를 고려해야 한다. 사실보다 감정이 더욱 중요하기 때문이다!

연사인 당신이 느끼는 감정은 그대로 청중에게 전달된다. 당신 스스로 확신이 없으면 청중 역시 그렇게 된다. 당신이 자신의 말을 스스로 믿지 못한다면 결코 청중을 설득할 수 없다. 신념이 없으면 설득력이 떨어지기 때문이다. 연설이 성공하느냐 실패하느냐는 반 이상이 당신의 확신에 달려 있다.

> 자신이 하는 말을 완전히 믿을 수 있다면 성공은 90퍼센트 보장된다.

당신 스스로 연설 내용의 중요성을 완전히 확신하면 청중들도 그것을 중요하게 받아들인다.

마찬가지로 당신이 완벽하게 말하려고만 애를 쓰면 그러한 감정 역시 그대로 청중에게 전달된다. 이러한 반작용은 모든 사람들에게 일어날 수 있다. 완벽한 화술을 구사하려는 사람은 모범생의 이미지를 준다. 그는 일반 청중들의 수준을 뛰어넘어 자신을 우월하게 만든다. 화술적인 완벽성은 거부감을 불러일으킨다.

탁월한 연사는 실수에 대해서도 대담하다. 화술적으로 완벽한 연사는 근본적으로 가장 나쁜 연사이다. 오로지 완벽하게 말하겠다는 하나의 목적만이 있기 때문이다. 그에게는 다른 모든 것들, 심지어 자기 연설의 실질적인 목적마저도 부차적인 것이 된다. 청중은 분노하여 그 연사를 먼지가 나도록 패주고 싶어 안달이 날 지경이 된다.

이런 점에서 나는 고전적인 화술관에 동의하지 않는다. 나의 신념은 기존의 견해들을 모두 초월한 것이다. 나는 '완벽한' 연사들이 하는 말을 지겹도록 들었다. 하지만 그때마다 서서히 치솟아 오르는 분노를 느꼈다. 차라리 그 자리를 떠나고 싶었다. 그가 말하는 내용에 동의할 때조차도 나는 그 사람 자체에 화가 났다. 나는 그가 한 번만이라도 실수하기를 기다렸다. 그러나 그런 경우는 거의 없었다. 이렇게 유감스러울 수가!

도저히 참아줄 수 없는 연사들도 있다. 그들이 텔레비전에 나오면, 나는 화면을 어둡게 하고 소리만 듣는다. 대부분의 경우 그들의 연설은 완벽하게 구성되어 있다. 논거 또한 아주 훌륭하다. 그러나 같은 연사로서 나는 그들의 연설을 참고 들을 수가 없다. 실수 한 번 없는,

화술적으로 완벽한 연설은 마음속 깊은 곳에서 거부감을 불러일으킨다. 이런 부정적인 기운이 그들의 목적을 망쳐놓을 것이다. 그들이 하는 연설은 차라리 글로 읽는 것이 낫다. 그러면 최소한 그 부정적인 개성들이 다 떨어져나갈 테니까.

> **즉석연설에서 실수하는 것은 괜찮다.**
> **그것은 청중들에게 연사를 파악할 수 있는 기회를 마련해 준다.**

연설 도중에 실수하는 것이 두렵다면 이렇게 생각해 보라. 우선 실수를 편안하게 받아들이고, 그것이 연사와 청중의 감정을 이어주는 다리라고 생각하라. 가장 중요한 감정적인 목표는 청중들로부터 순수하고 진실한 호의를 얻는 것이다.

이 주제를 좀더 명확히 하기 위해, 설득에 대해 이야기해 보자. 예를 들어 당신이 정치계에 있다면, 반대자들이나 당신에 대해 부정적인 청중에게서 호의를 얻는 것은 현실적인 목표가 될 수 없다. 말 한마디를 놓고 싸워야 하고 부정직한 화술까지 동원되는 논쟁에서는, 다른 연사를 이기고 청중을 당신 편으로 끌어오는 데에 감정적인 목표는 소용없다. 연사들은 '청중의 갈채를 받기 위해' 말한다. 그래서 지지가 뚜렷치 않은 청중들을 되도록 많이 자기 편으로 끌어들이려

한다. 이 상황에서는 여러 가지 쇼와 신랄한 조소도 사용된다. "제 평생 마이어 씨가 알코올 중독자라고 주장한 적은 한번도 없습니다. 그런 생각은 꿈에서조차 해본 적이 없습니다!" 말하지 않았다고 하면서 이미 다 떠벌리고 있는 것이다. 이런 말다툼 같은 화술은 일상의 설득에 아무런 도움이 되지 않는다.

다른 이들을 설득하려면 당신은 청중이나 내면과 상호작용을 해야 한다(보기12의 '목표그룹 분석' 참조, 116쪽). 가장 중요한 것은 긍정적인 관점에서 청중을 좋아하는 것이다.

당신이 청중을 좋아하려고 진심으로 노력한다면, 청중도 연사인 당신을 좋아할 가능성이 크다. 그러면 당신은 이미 성공한 셈이다! 당신에게 가장 중요한 감정적인 목표는 이런 것이어야 한다.

> 나는 청중의 호의를 얻기 위해 순수하고 진실되게 노력한다. 나는 나와 청중 사이에 선을 긋지 않으며, 강연장 안에 모인 사람들 개개인을 진정으로 공감하려 한다.
> 나는 나에게 모든 것을 맡긴다.

누군가를 완벽하게 설득한다는 것은 불가능하다. 사람들은 성급하게 설득당하는 것을 싫어한다. 더욱 나쁜 것은 연사가 청중에게 전혀 관심이 없을 때이다. 수많은 연사들이 미리 작성해 온 원고를 읽는데 바빠서 청중을 향해 눈길 한번 주지 않는다. 가장 큰 오류는 여기서 발생한다.

청중에게 주의를 기울이지 않는 연사는 청중을 설득할 기회를 잃어버리고 만다. 청중은 연사가 자신들에게 관심과 흥미가 없다고 여기게 된다.

▌ 가장 가혹한 형벌은 다른 사람에게 무시당하는 것이다.

당신이 진정으로 청중의 호의를 얻겠다는 감정적인 목표를 세운다면, 청중은 그것을 내적인 강한 헌신, 호의, 존중, 흥미로 받아들인다. 그러면 성공은 거의 확실하다.

2. 자부심이 강한 연사는 무대를 두려워한다

이 말이 우습게 들릴지도 모른다. 무대공포증은 약점이 아닌가! 자부심이 강한 사람이 무대에 서는 것을 두려워할 리 없다. 그들은 강

한 개성을 지니지 않았는가.

　이 점에서 나는 수많은 동료들과 견해가 다르다. 몇몇 사람은 연단에 올라서기 전에 내가 지나치게 무대공포를 느낀다며 비웃기까지 했다. 그들은 내게, 자기는 오랜 세월 동안 공적인 자리에 선 경험이 많기 때문에 무대에 서는 것이 두렵지 않다고 말했다. 그러나 그들은 자신이 강연에서 왜 크게 성공 못하는지 모르고 있다. 그들은 무대공포와 성공의 관계를 보지 못하고, 이 같은 두려움을 약점이라고 생각한다. 그래서 사람들은 두려움과 싸우거나 그것을 억압한다. 그러면서 연사는 내리막길로 치닫고 만다. 왜 그럴까?

무대공포를 억압하는 사람은 자신의 실패를 미리 어느 정도 계획해 놓은 것과 다름없다. 이것은 심리학적으로도 확실한 근거가 있다. 무대공포는 공포의 특별한 형태이다. 공포를 이기려면 그것을 받아들여야 한다. 감정을 억누르는 것은 매우 위험하다. 잠시 동안은 숨길 수 있을지 몰라도 결국 당신 내면에 잠재되어 존재한다. 사람들은 공포를 무의식 속으로 밀어넣는다. 공포는 그 안에서 서서히 무르익어 기회를 엿보다가 갑자기 다시 강력해지는데, 대부분의 경우 비호의적인 상황에서 발전된다. 내가 아는 어떤 사람은 연단에 올라가 말을 시작하고 나서 갑자기 몇 분 동안 말문이 막혀 결국 연설을 중단해야만 했다.

자부심을 가진다는 것은 자기 자신을 안다는 뜻이다. 자기 안에 약간의 두려움이 있다는 것을 미리 알면 오히려 자신의 능력을 최대로 발휘할 수 있다. 무대공포는 다음과 같은 공포들과 함께 존재한다.

· 낯선 곳에 대한 공포

· 낯선 사람에 대한 공포(스트레스)

· 관중에 대한 공포(사람이 많을수록 공포는 더 커진다)

· 거절당하는 것에 대한 공포(비판에 대한 공포)

· 시작하지 못하는 것에 대한 공포(말문이 막혀버리는 것에 대한 공포)

· 상황을 마무리하지 못하는 것에 대한 공포

· 자신의 열등감을 다른 사람들이 알게 되는 것에 대한 공포(수치에 대한 공포)

무대공포증은 특정한 생리 작용을 불러일으켜 당신이 최고의 능력을 발휘할 수 있게 한다. 그것은 죽음에 대한 공포와 비슷해서, 사람을 더 빨리 달리게 하거나 더 높이 도약하게 한다. 공포를 느끼는 순간 혈관 속으로 방출되는 아드레날린은 약처럼 작용한다. 그러나 순수한 약은 전혀 해가 없다. 무대공포를 받아들이는 것이 자부심의 한 징표라는 것을 이제 이해하겠는가?

> 무대공포 때문에 걱정하지 말라.
> 두려움은 세상에서 가장 자연스러운 것이다.

물론 무대공포증이 너무 심한 것도 좋지 않다. 너무 심하면 사람을 마비시킬 수도 있다. 긴장을 완화시킬 때 하는 것처럼 미리 조치를 취

하는 것이 좋다. 그러면 당신은 무대공포를 적절하게 조절할 수 있다.

- · 시간과 여유를 두고 연설을 준비하라.

- · 마음속으로 청중들과 가상의 토론을 해보라.

- · 연설 전에 친구와 먼저 연습하라.

- · 안정적인 컨디션을 유지하고, 숙면을 취하라.

- · 가능하면 연설할 강연장을 하루 전에 보고 오라.

배우들을 보면 무대공포가 어떻게 사라지는지 쉽게 알 수 있다. 극에 대한 두려움이 클수록 연기를 하면서 느끼는 안도감은 더 크다. 일단 처음 몇 마디를 하고 나면 두려움은 이내 사라지고 다시는 고개를 들지 않는다.

겁에 질린 표정으로 연단에 오르는 연사를 보고 청중들은 어떻게 생각할까? 부정적으로 여길까? 지금껏 많은 연사들이 생각해 온 것과는 반대로 사람들은 무대공포를 약점으로 생각하지 않는다. 오히려 그 반대이다. 청중은 처음부터 겁을 내는 연사를 보면서 무의식적으로 동정심을 느낀다. 이러한 심리 상태는 연사와 청중 사이에 시너지 효과를 낸다. 무대공포 때문에 걱정하는 연사는 연설을 시작하기도 전에 청중의 호의를 얻게 되고, 청중에게서 얻은 큰 힘은 두려움을 사라지게 한다.

▎**무대공포는 연사에게 강점이 되기도 한다.**

3. 자부심 있는 연사로서의 권리를 사수하라

연설을 잘하기 위해서는 특수한 환경조건이 필수적이다. 그렇지 않으면 최상의 연설이 될 수 없다. 이 조건들이 모두 충족되지 못하더라도 사전에 요구해야만 한다.

연사 발표 및 소개를 받을 권리

어떤 행사의 강연자로서 등장할 때에는 반드시 진행 순서와 주제를 소개하는 프로그램이 있어야 한다. 그런 프로그램 없이 강연자가 나서서 행사를 진행하는 것은 매우 괴로운 일이다. 자신에 대해 청중들에게 뭐라고 말한단 말인가? 자신을 공공연하게 소개하는 것은 무척 어렵다. 게다가 자신을 칭찬할 수도 없는 노릇 아닌가! 종이 한 장에 자신의 프로필과 연설 주제에 대해 간략히 써서 진행자에게 주어라. 다음의 항목에 대해 써라.

· **출생**

· **학력**

· **전문지식**

· **업적**

· 당신과 연설 주제와의 관계

· 개인적인 몇 가지 정보

진행자는 청중에게 연설 소요 시간을 알려주고, 연설 중간에 방해되는 일이 없도록 당부하는 일을 맡는다. 또한 연설 후에 있을 문답 및 토론 시간에도 협조해 달라고 미리 양해를 구해야 한다. 자신에게 할당된 시간을 방해받지 않을 권리는 반드시 보장되어야 한다. 다음 사항을 참고하라.

조용한 연설 환경을 유지할 권리

다른 사람들은 당신의 연설을 중단시킬 수 없다. 당신은 방해받지 않고 끝까지 연설할 권리가 있다(예를 들어, 당신이 청중을 압도하거나 그들의 감정을 아주 고양시키고 있는 순간을 생각해 보라!).

연설 도중에 어떤 사람이 방해를 한다 해도 민감하게 반응해서는 안 된다. 그냥 무시해라. 이렇게 함으로써 청중의 교양에 호소할 수 있다. 대부분의 경우 어수선한 상황은 곧 진정된다. 그러나 설득을 목적으로 연설할 때에는 방해가 잦으면 안 된다. 예의와 정중함을 아는 사람이라면 연사의 말을 중단시키지 않는다. 그러나 정치적인 집회라면 이야기는 또 다르다. 이때에는 방해에 대응해야 한다. 방해를 무시하는 게 별로 도움이 되지 않을 때에는 매끄럽게 넘겨야 한다. 방해는 매우 성가실 뿐 아니라 연설에 지장을 주어 청중에게도 손해를 입힌다.

방해에 잘 대처하려면 기지와 순발력이 필요하다. 그에 대한 연습을 많이 해두지 않으면 당황하게 된다(방해꾼이 노리는 점이 바로 이것이다).

그 밖의 방해 요소들은 더욱 짜증스럽다. 그러나 처음 접하는 상황이 벌어질 수 있다는 점을 항상 예상하고 있어야 한다. 어떤 사람이 강연장에 들어와 두리번거리며 무언가를 찾을 수도 있다. 또는 누군가의 휴대전화가 울릴 수도 있다(정말 품위 없는 일이다!) 기계에 기술적인 문제가 생기거나 조명이 고장날 수도 있다. 그럴 때에는 가만히 기다리는 것 외엔 다른 묘책이 없다. 누군가 혹은 무엇인가가 이리저리 주의를 흩뜨리는 동안 당신이 하는 말은 청중의 주의를 끌지 못하고 다 흘러가버리기 때문이다. 자부심을 가진 연사는 반드시 모든 사람이 듣고 있을 때에만 말한다.

물 한 잔을 요구할 권리

무대공포와 연설에 대한 긴장으로 입과 목이 마르는 경우가 자주 있다. 그 때문에 매우 고통스러울 수도 있다. 연설이 시작되기 전에

물 한 잔을 준비해 달라고 미리 말해 두어라.

마무리 인사를 받을 권리

당신이 연설을 끝내면 사람들은 당신에게 감사를 표해야 한다. 연설이 보잘것없고 정중하지도 않아 감사할 필요가 없다고 여겨진다면야 할 수 없겠지만. 연사는 연설에 대해 감사하다는 말을 들을 권리가 있다. 감사의 말은 기품있는 예의이며 연사로서 요구할 수 있는 당연한 권리다. 당신이 직접 개최한 내부적인 행사일 경우에는 중개자 역할을 해줄 사람을 섭외해야 한다. 그는 행사의 시작과 종료를 알리고, 당신과 다른 연사들을 소개하고 떠나보내는 인사를 맡는다.

연설 하나를 소개할 때마다 연설 후에 이어질 문답 및 토론 시간에 대해 미리 말해주는 것이 좋다. 반드시 토론에 들어가기 전에 먼저 연설이 마무리되고 감사의 인사가 뒤따라야 한다(그렇지 않으면 박수가 나올 수 없고, 이것은 매우 창피스러운 일이다!).

3 자연스러운
보디랭귀지를 활용하라

자연스러운 보디랭귀지는 말에 앞서

당신의 감정을 드러내는 일종의 의사표현이다.

보디랭귀지는 말보다 훨씬 유래가 깊다. 말을 배우기 이전부터 인간은 몸짓으로 의사소통을 했다. 이러한 표현법들은 우리의 살과 피 속에 녹아 있어서 무의식적으로 발산되고 인지된다.

C.G 융에 따르면 우리의 집단무의식 속에는 오래전부터 이 표현들의 의미가 각인되고 프로그램되어 있다. 몸짓은 이성에 앞서기 때문에 왜 그러는지 또 어떻게 해석되는지 우리의 이성은 전혀 알지 못한다. 보디랭귀지를 제어하는 것은 불가능하다. 그러므로 보디랭귀지로 다른 사람을 조종하려는 시도 역시 불가능에 가깝다.

1. 몸은 거짓말을 하지 않는다

우리는 내적인 감정 상태와 일순간의 기분 등을 몸으로 표현한다. 그러면 사람들은 무의식적으로 알아차리고 대체로 올바르게 해석한다. 몸은 거짓말을 할 줄 모른다. 표정과 몸짓을 훈련할 수는 있다. 그러나 그것은 부자연스러울 뿐 아니라 연설 본래의 목적을 잃어버리게 한다. 일부러 지어낸 표정과 빈틈없이 연습된 몸짓은 연사의 개성에 전혀 맞지 않기 때문에 이상하고 불편해보인다. 연설할 때 사용

하는 보디랭귀지는 자연스러워야 한다. 그래야 다른 사람들이 편하게 받아들일 수 있다. 부자연스럽고 억지로 지어보이는 보디랭귀지는 연사의 개성을 훼손할 뿐이다.

> **기분이 좋고 내적으로 편안하면, 몸은 저절로 목적에 걸맞은 보디랭귀지를 내보낸다.**

아니면 이렇게 말할 수도 있다. 당신 자신이 연설 내용을 인정한다면, 그리고 스스로 그렇게 믿는다면, 몸은 한층 더 강렬한 신호를 보낸다. 청중이나 관중은 당신의 보디랭귀지와 당신의 입에서 나오는 말을 비교한다. 거의 무의식적으로 비교하게 된다. 보디랭귀지와 당신의 말이 일치하면 신뢰감이 생긴다. 그러나 몸에서 보내는 신호가 입에서 나오는 말과 같지 않으면 당신이 하는 말은 청중들의 신뢰를 잃게 된다. 당신의 몸이 자신을 나타낼 기회를 상실하고 마는 것이다.

2. 자신의 기분을 살펴라

당신이 사람들과 허물없이 어울리는 편인지 아니면 거리를 두는 편인지 주변을 살펴라. 이렇게 관찰하다 보면 당신의 몸에 대해 알게 된다. 평소에 당신이 사람들에게서 멀찌감치 떨어져 있는 편이라면, 연설 때에도 무의식적으로 신체적인 간격을 두려 할 것이다. 이때 당신이 원하는 거리보다 가까우면 당신의 몸은 좀더 거리를 두라고 신호를 보낸다. 발끝에서부터 호흡과 목소리, 눈빛에 이르기까지 온몸으로 말한다.

특히 사람들은 눈을 보고 당신이 지금 기분이 좋지 않다는 것을 알아차린다. 그러면 당신은 청중을 사로잡지 못한다. 당신은 오로지 자기 자신에게만 주의를 기울이고 자신을 방어하느라 바쁘다. 몸은 긴장하고 숨은 가빠진다. 배는 상체를 겨우 버티고 눈은 피곤해진다. 당신의 목소리는 이렇게 말한다. '나는 공간이 더 필요해, 다른 사람들에게서 좀더 떨어져 있어야 한다고!'

이래서는 아무도 설득할 수가 없다. 참석자들이 보기에도 불편하고 당신은 괴로울 정도로 긴장되어 있다. 이러한 긴장은 반드시 풀어야만 한다. 하지만 어떻게 풀어야 할까? 나는 다음과 같은 방법을 제안한다.

첫 줄에 앉은 청중과 최소한 2미터(사회적인 거리) 거리를 유지해라. 그러면 한결 편안해질 것이다.

연설용 탁자를 앞에 두고 연설을 시작하라. 장벽과 같은 효과가 당신을 조금은 보호해 줄 것이다. 아주 불편한 경우에는 탁자 뒤에 서서 팔을 포개어 배와 횡격막을 눌러보아라. 팔로 배를 꽉 누르면서 숨을 충분히 내쉰다. 왼손이 아래로 가도록 팔을 포개고 왼쪽으로 약간 몸을 틀어서 오른쪽 몸통이 전면을 향하도록 한다. 이렇게 하면 좀 편안해져서 걱정과 불안을 떨쳐낼 수 있다. 당신을 어느 정도 보호해 줄 상황을 만드는 것이 좋다.

몸을 움직이고 싶다면 움직여라. 억지로 가만히 서 있지 말아라. 조용히 반듯하게 서 있으라고 가르치는 기존 웅변술의 충고를 모두 무시하라. 이러한 충고들은 이미 낡은 것이 되었다. 언제나 당신이 하고 싶은 대로 하라.

되도록 두 발에 고루 힘을 실어서 서라. 한쪽 다리에 체중을 실으면 상체가 이리저리 흔들리게 된다. 두 발로 서서 지구의 중력을 느껴라. 그러면 자세도 좋아지고 자신감도 생길 것이다.

3. 손은 자유롭게 움직여라

대부분의 경우 당신의 손은 무언가를 하고 있다. 원고를 넘기거나 OHP지를 놓을 수도 있다. 그러나 그 밖의 경우에는 손을 자유롭게 내버려두어라. 손 역시 표현의 도구이기 때문에 말하고 싶어한다. 손을 몸의 앞이나 뒤에 붙이지 말아라. 손이 딱 고정되어 있으면 몸통을 어색하게 이리저리 돌리게 된다(손이 말하지 못하기 때문에 몸이 말하는 것이다).

> 손을 자유롭게 내버려 두어라!
> 절대로 손에 대해 생각하지 말아라!
> 그러면 아주 자연스러운 몸짓이 당신의 기질을 드러낸다.
> 몸짓은 개성의 표현이다.

몸짓을 통제하거나 어울리지 않는 몸짓을 억지로 지어보이지 마라. 청중은 금방 알아차린다. 몸짓으로 청중에게 강렬한 인상을 주려 애쓰지 마라. 관중들의 주의를 흩뜨리는 결과를 낳을 뿐이다.

자발적인 동작이 일어나게 그냥 내버려두어라. 그 모든 동작은 당신의 일부이다. 아무것도 억제하지 말아라. 또한 아무것도 끌어내지

말아라. 느끼는 대로 자연스럽게 표현하라. 저절로 우러나온 행동은 모두 당신에게 잘 어울린다.

사람들은 자연스러운 몸짓과 부자연스러운 몸짓을 구별한다. 자연스러운 몸짓은 말보다 먼저 나온다. 다른 연사들이 말하는 모습을 잘 관찰해보라. 말보다 몸짓이 먼저 나올수록 편안한 상태이며 더 자연스러워지고 설득력도 커진다.

예를 들어 어떤 사람이 "세상에 단 하나밖에 없는 것이 창조되었습니다!"라고 말하면서 이 말에 앞서 검지를 들어 올린다면, 이 동작은 그의 자연스러운 보디랭귀지인 것이다. 그의 몸은 뇌가 단어들을 조합하기 전에 벌써 말을 하려 한 것이다. 만약 말하는 도중이나 말이 다 끝나고 나서 검지를 들어 올렸다면 부자연스러워 보였을 것이다. 이때는 뇌가 "참, 이제 내가 검지를 올려야 하지!" 하고 생각한 다음이기 때문이다. 이러한 계산된 동작은 연습된 것으로 보여서 신뢰감을 주지 못한다.

▌ 자연스러운 보디랭귀지는 말보다 빠르다.

배워서 익힌 보디랭귀지는 연기자들처럼 무의식적으로 그 동작이 나올 때까지 오랫동안 연습하지 않는 한 어색하게 마련이다.

사람들이 흔히 말하는 "몸동작을 좀더 많이 해보세요", "손을 그렇게 이리저리 휘두르지 마세요!" 같은 믿을 수 없는 조언들은 무시해라. 정열적인 사람은 당연히 크고 활동적인 몸동작을 할 테고, 얌전한 사람은 소극적으로 움직이거나 아예 아무 동작도 취하지 않는다.

묘사 동작은 OHP나 파워포인트 같은 시각자료가 쓰이게 되면서 크게 그 의미를 잃었다. 시각자료들을 사용하지 않으면 즉석 표현이 가능한 손으로 비유적인 묘사를 더 많이 해야 할 것이다. 몸짓으로 계속 얘기하면서 동시에 OHP나 파워포인트로 그림이나 표를 보여주면 청중들은 혼란스럽고 피곤해진다.

여기서 반드시 짚고 넘어가야 할 주의사항이 있다. 무언가를 가리키려고 지시봉을 들거나 계산하고 메모하기 위해 펜을 잡지 마라. 이러한 행동은 마치 대학 강사처럼 청중들에게 교육적인 느낌을 주어 당신에게 불리하게 작용한다. 손가락이 자유로워야 손이 자연스럽게 말할 수 있다.

스크린 위의 특정 부분을 가리키기 위해 레이저포인터를 사용하는 사람들이 많다. 좋은 방법이기는 하다. 하지만 실제로는 오히려 혼란스러울 때가 많다. 왜냐하면 레이저포인터를 잡고 가만히 있기가 아주 힘들기 때문이다. 얼마 안 있어 작은 불빛이 스크린 위에서 이리저리 방황하게 된다. 손에 든 레이저포인터와 스크린 사이의 거리가 멀수록 이 빨간 점은 더 심하게 흔들린다. 이럴 경우 대부분의 사람들은 짜증을 느끼게 된다.

레이저포인터는 아주 잠깐 동안만 사용하는 것이 좋다. 이때 가능한 한 손이 움직이지 않도록 주의하라. 그렇지 않으면 청중을 화나게 할 수도 있다.

4. 청중과 눈을 맞추어라

눈 맞춤은 사람들 사이에 오가는 의사소통의 다리이다. 눈을 맞추지 않고는 진정한 의사소통을 할 수가 없다. 그러므로 미리 준비한 원고를 소리 내어 읽는 관례는 이제 사라져야 한다.

단어 하나하나가 모두 의미있는 중요한 문단이라면 당연히 원고에 써놓아야 한다(가능하다면 OHP로 보여주어야 한다). 그 외에는 핵심 단어들만 써놓는 것이 좋다. 그래야만 단어를 보고 문장을 엮어내면서 즉흥적으로 표현할 수 있다. 즉흥적인 연설은 미리 작성된 문장들을 읽어내려가는 것보다 백 배는 더 강력하다. 왜 그럴까?

작성해놓은 문장을 읽어 내려가는 것은 완벽해야 한다는 강박감을 주기 때문이다. 그러면 어쩔 수 없이 원고에 집착하게 되고 당신은 강연장에 있는 어느 누구와도 제대로 관계를 맺을 수 없다. 유감스럽게도 연사들은 대부분 이러한 잘못을 저지른다.

읽어내려간 연설은 말 그대로 낭독일 뿐이다! 그러므로 사람의 마음도 움직일 수 없다. 화술의 발전(보기6 참조) 과정에 유의하라.

그래도 즉흥적으로 말할 용기가 없어 원고에 있는 확실한 단어들에 기대고 싶다면 타협점을 찾을 수는 있다. 가장 중요한 말들을 완전한 문장으로 써서 원고를 만드는 것이다. 그 문장을 말하기 직전에 잠깐 보고 순간적으로 외워라. 그리고 강연장 안에 있는 사람들을 둘러보면서 그 문장을 말하라. 이렇게 하면 적어도 문장을 통째로 줄줄 낭독하는 것을 피할 수 있다. 그렇지만 미리 작성된 문장에서 핵심 단어들을 주의해서 본 다음 즉흥적으로 말하는 편이 더 바람직하다.

보기6 화술의 발전 3단계

발전 과정
1. 어떤 주제에 대해 말할 수 있다. 2. 사람들에게 말할 수 있다. 3. 사람들과 함께 이야기할 수 있다.

경험이 쌓이다 보면 몇몇 핵심 단어만 가지고도 말을 잘할 수 있게 될 것이다.

5. 청중에게서 긍정적인 반응을 모아라

청중을 무시하는 연사는 그들을 가장 무자비하게 괴롭히는 셈이다. 따라서 연사 자신이 그 대가로 벌을 받게 되더라도 전혀 이상할 것이 없다. 청중은 무관심과 무시로 그를 벌할 것이다. 심지어는 화를 낼지도 모른다.

비언어적 호소가 바탕에 깔려야만 연설은 성공할 수 있다. 입으로만 떠들어대는 것은 독백에 지나지 않는다. 당신이 말하면 사람들은 그냥 듣기만 할 뿐이다. 이야기를 시작하고 제대로 이끌어나가려면 비언어적인 호소가 필요하다.

연설을 시작할 때는 먼저 '친구'를 찾아라. 강연장을 둘러보면서 누가 기꺼이 이 자리에 참석해 있다는 신호를 보내는지, 누가 연설을 시작하기도 전에 당신에게 정신적인 지지를 보내는지 살펴보아라. 적어도 한 명은 그런 사람을 찾아내여야 한다. 청중들 사이에서 친구를 찾는 일은 매우 중요하다. 안심하고 연설을 시작하고 싶다면 도움을 줄 만한 사람을 데리고 가도 괜찮다. 그의 임무는 연설을 하는 동안 가볍게 고개를 끄덕이며 당신에게 정신적인 지지를 보내주는 것이다(많은 프로들이 실제로 이런 방법을 쓴다).

연설을 시작하면 처음에는 이 친구만을 바라보라. 최소한 서너 문장을 말하고 나서 그가 긍정적인 신호를 보내는지 살펴보라. 첫 번째 친구에게서 성공을 거두면 대부분 그런 사람이 또 나타난다. 주위를 둘러보아 두 번째 '친구'를 찾는다. 이제 당신은 다른 친구에게로 옮겨가서 그가 보내는 긍정적인 신호를 받아들여라. 친구들의 신호는 당신에게 큰 힘이 된다. 특히 연설을 시작할 때 매우 중요하다. 그 다음 세 번째, 네 번째, 계속해서 '친구'를 찾아라. 이 친구들은 청중 속에 적당히 흩어져 있는 것이 좋다.

관중들 머리 너머에 시선을 두지 말아라. 그러면 마치 성직자 같아 보여서 당장에 호소력을 잃고 만다. 언제나 일대일로 대한다는 생각으로 말하라. 강연장 뒤편에도 당신을 주시하는 사람이 있다. 최소한 이러한 느낌을 유지하라. 나는 천 명의 청중을 앞에 두고 시험해 본 적이 있는데 효과가 있었다. 청중 대부분이 당신의 친구가 될 때까지 천천히 '친구들로 연결된 원'을 넓혀가라.

> 한 사람에게 한마디씩 말하라. 그에게서 되돌아오는 신호를 받
> 은 다음 다른 사람을 쳐다보라. 이렇게 해서 계속 긍정적인 신
> 호를 모아나가라. 청중 한 사람 한 사람의 호의는 당신에게 큰
> 힘이 될 것이다.

6. 말하면서 생각하라

긍정적인 비언어적 신호를 보내는 사람을 바라보는 동안은 생각이
아주 잘 떠오른다. 아무도 보고 있지 않을 때보다 당신의 생각은 더
활발해진다.

많은 연사들이 생각이 잘 떠오르지 않을 때 바닥이나 천장을 쳐다
본다. 하지만 그런 데에서는 아무것도 얻을 수 없다. 모든 영감은 청
중에게서 나온다. 물론 어떤 사람이 기분 나쁘게 쳐다보면 생각이 잘
나지 않지만 긍정적인 얼굴은 당신의 사고력을 고양시킨다. 나는 연
설을 할 때만큼 생각이 잘 떠오를 때가 없다. 그럴 때엔 미리 준비한
내용 외에도 중요한 생각이나 할 말이 계속 떠올라 준비한 것보다 더
많은 말을 하게 된다.

말에 집중하지 말고 미리 생각하는 데에 집중하라! 그러면 말은 저절로 나온다. 머리에서 미리 생각하고 몇몇 호의적인 청중을 향해 그냥 말하라. 그러면 아주 쉽게 말이 나온다.

연설이 오래 계속될 경우에는 OHP나 프로젝터, 노트북 등의 기계는 잠시 꺼두는 것이 좋다. 그렇지 않으면 청중과의 교감이 생기지 않는다. 청중은 당신이 아닌 다른 데만 쳐다보게 되고, 그러면 더 이상 제대로 된 소통을 꾀할 수 없다. 당신은 청중을 한꺼번에 다 설득하지는 못한다. 한 사람씩만 설득할 수 있다. 여기엔 비언어적인 대화가 필요하다.

7. 마음속으로 상상하라

우리가 말하고 다른 사람들이 듣는 동안에 무슨 일이 일어나는지 우리는 다 알지 못한다. 말을 할 때에는 단어와 문장으로 이루어진 순수한 음성 외에도 다른 많은 것들 — 특히 감정 — 이 전달된다. 연사의 보디랭귀지는 그의 내적 상태와 기분을 드러낸다. 이 점에 대해 내가 항상 강조하는 것이 있다. 자신이 하려는 말을 먼저 머릿속으로 상상하라. 그러면 청중에게 아주 효과적으로 전달할 수 있다.

나는 세미나와 개인지도에서 상상이 매우 효과적이라는 사실을 자주 경험한다. 어떤 사람이 무슨 말을 할 때 그 말이 아주 설득력있고 강력하고 힘이 넘친다면, 모르긴 몰라도 그는 먼저 마음속으로 충분히 상상한 다음에 말하는 것이다.

당신은 자신이 하려는 말을 미리 그림으로 상상할 수 있다. 예를 들어 당신이 "이 기계는 아주 편리합니다"라고 말할 때, 그 기계를 이용해 수월하게 일하는 사람을 머릿속에 그려보는 것이다. 그러면 말하는 행위가 마치 놀이처럼 쉽게 느껴진다. 그 다음에 연설을 시작하라.

언제나 이 점을 명심하라. 말하기 전에 먼저 머릿속에서 상상하라. 그러면 당신은 청중을 확실하게 설득할 수 있을 것이다.

4 감정적인 동의를 끌어내라

말로 설득하는 사람은 표면적인 승리를 거둘 뿐이다.
최후의 승리는 감정적인 동의를 끌어내는
사람에게 돌아간다.

사람들은 흔히 감정을 경시하고 사실에만 너무 주목한다. 우리는 정확한 진술, 재검토와 실증 가능한 진술만이 중요하다고 생각한다. 하지만 감정이 동시에 표현되지 않으면 최상의 논거도 아무런 효과를 내지 못한다. 감정은 자연스러운 것이다. 감정을 배제한 이성적인 주장은 부자연스러울 때가 많다.

> 최후의 승리는 언어적 의사소통에서 성공한 사람이 아니라 감정적 동의를 이끌어낸 사람에게 돌아간다. 말로 설득하는 사람은 표면적인 승리를 거둘 뿐이다. 어떤 사람들은 언어적 설득에서는 항상 승리를 거두면서도 거의 모든 '전쟁'에서는 진다.
>
> – 루퍼트 라이(자연철학, 언어철학 교수. 1970년 이후로 경영 컨설턴트로 활동하며 경영인, 정치가들에게 많은 조언을 주고 있다.)

1. 의사소통의 두 가지 영역을 구분하라

감정의 영역도 이성의 영역과 마찬가지로 중요하다. 연사로서 당신은 청중과 감정적인 유대관계를 맺어야 한다. 이러한 관계는 청중에게 당신의 감정을 호소하고, 당신 자신의 감정을 파악해야만 가능하다(보기7 참조).

이성의 영역에서는 논파할 수 없는 견고한 논거를 대야 한다. 신빙성 있는 논거와 사실 및 예시가 필요하다. 연설을 하는 사람은 뚜렷한 자기 주장이 있어야 한다. 자기 주장이 없는 사람은 차라리 연설을 하지 않는 편이 낫다.

청중과 감정적인 유대를 맺고 싶다면 먼저 자신의 감정을 스스로에게 설명할 수 있어야 한다. 당신의 눈에 그것은 어떻게 보이는가? 싫지만 자신도 어쩔 수 없는 감정은 어떤 것인가? 연설할 주제에 대한 당신의 느낌은 어떠한가?

연설 주제를 염두에 두지 말고, 스스로에게 다음과 같은 질문을 던져보라.

· 이 주제는 개인적으로 어떠한 의미가 있는가?

· 연설 내용 중 무엇이 가장 중요한가?

· 이 주제를 어떻게 생각하는가?

· 이 주제에서 가장 깊은 인상을 주는 것은 무엇인가?

· 무엇이 가장 마음에 드는가?

· 깊이 생각할 만한 것이 있는가?

보기7 의사소통의 두 가지 영역

이성의 영역   내용, 주제,
사실, 근거

감정의
영역   감정 표현,
비언어적 의사소통,
감정 전달,
보디랭귀지

이 질문들은 심오한 작용을 한다. 당신은 자신의 마음속에서 이 질문에 대한 답을 찾아내야 한다. 그 대답은 당신 연설의 감정적인 핵심진술이 된다. 이러한 진술은 깊고 감동적이다. 연설을 할 때마다 연설 속에 그러한 진술이 들어 있는지 점검해야 한다.

일단 자신의 감정을 발견하고 받아들이면 말로 표현할 수도 있다.

보기10의 체크리스트를 이용해 어떤 감정을 어떻게 이성적으로 나타낼 수 있는지 곰곰이 생각해보라.

예를 들어, "나는 우리의 미래에 대해 걱정이 많다……" 또는 "나는 정말 우리가……라고 생각한다"는 식이다.

아니면 "나는 이 새로운 해결 방안이 마음에 든다"라거나 "우리가 이 일을 아직도 추진하지 않고 있다니 놀랍다" 등이다.

당신이 묘사하는 상황을 그림으로 상상하라. 일단 머릿속의 그림을 보고 난 후에 말하라. 이렇게 하면 감정을 표현하기가 한결 쉬워진다.

감정적인 원(보기8 참조)은 연사의 생각이 생성되고 진행되는 과정에 청중이 참여할 수 있어야만 완성된다. 모든 것이 계속 '즉석에서' 일어나야 한다(실수까지도!). 그러면 청중은 이 모든 과정에 흥미를 느끼게 된다. 청중은 지금 이루어지는 일에 자신이 기꺼이 협력하고 참여하고 있다고 느끼게 된다. 저절로 일어나는 해프닝 같은 것이어서 당신 자신도 그 안의 능동적인 일부라고 느끼게 된다.

세련되게 다듬어진 완벽한 연설문으로는 이 과정을 만들어낼 수가 없다. 그저 낭독만 해서는 아무것도 생성되지 않으며 단지 이미 존재하는 것이 되풀이될 뿐이다. 이 둘 사이에는 굉장한 차이가 있다.

보기8 감정적인 원

연설에는 감정을 축으로 한 원이 형성된다

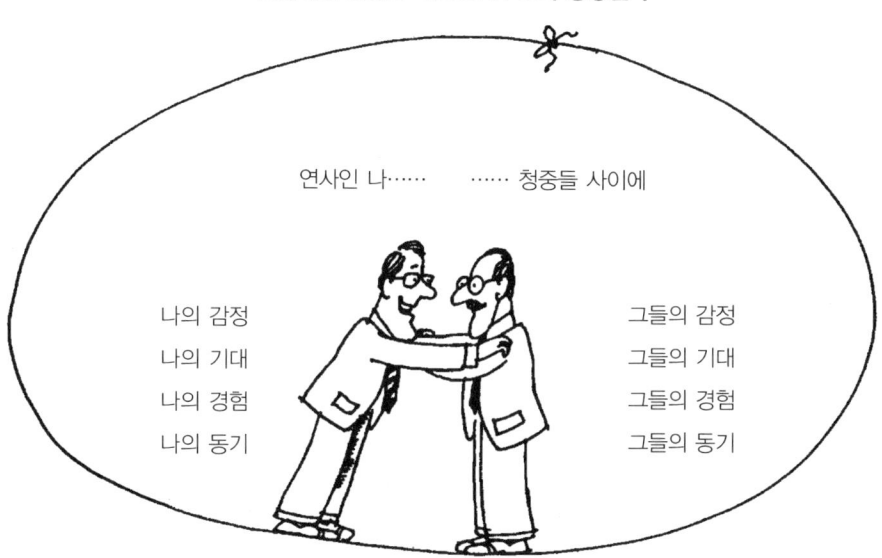

연사인 나······   ······ 청중들 사이에

나의 감정	그들의 감정
나의 기대	그들의 기대
나의 경험	그들의 경험
나의 동기	그들의 동기

······가 하나로 맞물려야 한다

중요한 팁 하나: 연설 내용을 미리 완벽하게 준비하지 말라. 준비한 내용의 10~20퍼센트를 떼어버려라. 그러면 당신은 모자라는 부분을 즉석에서 말해야 한다. 이제 당신의 연설은 아무런 준비 없이 즉흥적으로 이루어지는 것처럼 아주 생생해진다. 이런 방법으로 생각과 생산의 과정을 미리 파악하고, 시작부터 끝까지 모든 것이 새로 생겨나도록 하라. 이때 무대공포가 더 생기는 것은 당연하다.

무대에 대한 공포심은 당신의 연설에 꼭 필요한 생기를 불어넣는다. 연사가 침착하고 자신감 있고 '쿨' 하게 대중 앞에 나서면 청중은 무의식적으로 그가 열의가 없고, 불손하며, 근본적으로 대중과 자신의 과제에 무관심하다고 느낀다. 연사가 자신의 용건을 귀찮은 의무 정도로 여긴다고 느끼는 것이다.

중압감을 느낄 때 다소 긴장하는 것은 아주 자연스러운 일이다. 그러므로 청중에 대한 두려움을 비롯한 모든 불안과 긴장감은 자연스러운 화술에 속한다(보기9 참조).

연설을 성공적으로 이끌고 싶다면 근본적으로 충족시켜야 할 감정적인 조건이 세 가지 있다. 첫째 청중에 대해 긍정적인 태도를 유지하고, 둘째 순수하고 성실하게 청중의 호의를 얻고, 셋째 주제와 관심사에 완전히 그리고 실감나게 몰입하라.

2. '나는 ～하다' 표현에 익숙해져라

연사로서 감정의 폭이 넓지 않다면, 대신 연설을 감정적으로 강화할 수 있다. 그냥 당신의 감정을 말로 표현하면 된다. 이때 '나는 ～하다' 표현이 유용하다(보기10 참조).

보기10 감정적인 '나는 ~하다' 표현

'나는 ~하다' 표현의 몇 가지 예시	
나는 특히 ……에 감명받는다	나는 ……을 의심한다
나는 ……이 정말 기쁘다	나는 ……을 믿을 수 없다
나는 ……한 이유로 행복하다	나는 ……때문에 믿지 못하겠다
나는 특히 ……해서 즐겁다	나는 ……하면 창피하다
나는 ……을 확신한다	나는 ……이 당혹스럽다
나는 ……라고 생각한다	나는 ……에 깜짝 놀란다
나는 ……라고 확신한다	나는 ……에 호기심을 느낀다
나는 특히 ……에 만족한다	나는 ……에서 긴장된다
나는 ……에 기대가 크다	나는 ……할 때 불안하다
나는 ……을 굳게 믿고 있다	나는 ……이 걱정된다
나에게는 ……이 중요하다	나는 ……이 심히 걱정스럽다
나는 ……을 중시한다	나는 ……해서 기분이 나쁘다
나는 ……에 몰두한다	나는 진심으로 ……라고 생각한다
나는 ……이 유감스럽다	나는 ……이 아주 불편하다
나는 개인적으로 ……에 관심이 있다	나는 ……해서 기분이 좋다
나는 ……에 감동받는다	나는 ……에 흥분된다
나는 ……에 마음이 흔들린다	나는 ……에 푹 빠졌다
나는 ……에 압도당한다	나는 ……에 안정감을 얻는다
나는 ……에 당황한다	나는 ……을 정말 불쌍히 여긴다

5

화술에 필요한 요소를 파악하라

때로는 '어떻게 말하느냐'가
'무엇을 말하느냐' 보다 중요하다.

그리스인과 로마인들이 배웠던 고전 화술의 규칙들 중 몇몇은 지금도 유효하다. 그러나 내 생각엔 그외의 것들은 요즘 시대에 맞지 않는다. 우리가 생각하는 표준과 기대, 요구 등은 과거와 다르다. 무엇보다도 몇 가지 판에 박힌 규칙들 중에는 오늘날 다시 생각해보아야 할 것이 많다.

1. 부름말은 꼭 필요한가

고전적인 화술에서는 "부름말이 없으면 연설이 아니다"라고 가르친다. 연사에게는 다소 형식적인 말로 청중의 주의를 집중시킬 권리가 있다. 그것은 분명한 장점이다.

부름말을 사용할 때에는 청중에 따라 두 가지 중 하나를 택하라.

격식을 갖춘 형식

"존경하는 회장님, 이사회 여러분 그리고 이 자리를 빛내주고 계신 청중 여러분!"

사람들은 대중에게 어떤 식으로든 경의를 표하려 한다. 이 같은 태도는 절대적으로 옳으며 적절하기도 하다. 하지만 좀 딱딱하게 들리지 않는가(또 만약에 빠진 사람이 있다면 미안한 일이다)?

친근한 형식

"나의 친구 유빌라 그리고 오늘 와주신 여러분!"

이 말을 듣는 사람들은 연사에게 친근감을 느끼게 된다. 친근하고 다정한 말은 동지애를 느끼게 한다. 그리고 청중들은 연사와 비슷한 위치가 된다.

당신 스스로 알맞은 부름말을 선택하라. 나는 예전부터 부름말을 사용하지 않는다. 나는 항상 즉흥적으로 연설을 시작한다. 주로 조금 전에 일어난 일을 화제로 삼는다.

이때는 반드시 주위가 조용해질 때까지 기다려야 한다. 청중들을 둘러본 후에 더 이상 소음이 들리지 않을 때까지 기다려라. 연사들은 대개 부름말로 청중의 주의를 끌어 조용히 시킬 수 있다고 생각한다. 그러나 내 생각은 다르다. 나는 차라리, 비언어적으로 사람들에게 말을 건다. 나는 연단에 서서 사람들이 연설 준비가 끝났다는 사실을 깨닫고, 이제 스스로 조용히 해야 한다는 것을 알아차리게 한다. 이것이 첫 번째 침묵이다. 첫 번째 침묵은 길게 두어야 할 경우가 많다. 침묵은 화술적으로 중요한 요소이다.

연설하러 간 지역과 그곳 사람들에 대해 어떤 긍정적인 느낌을 받았다면, 연설을 시작하기 전에 항상 그 느낌을 먼저 이야기하라. 청중들은 외지에서 온 사람이 자기 고장에 대해 어떤 좋은 인상을 받았는지 듣고 싶어한다. 그러므로 좋은 느낌을 언급하는 것은 아주 자연스럽게 받아들여진다. 적당한 화제는 언제나 있게 마련이다. 중요한 것은, 어떤 말이든 온전히 당신 마음속에서 나온 순수하고 솔직한 느낌을 담고 있어야 한다는 점이다. 그렇지 않으면 값싼 감언이설로 들릴 뿐이다.

2. 침묵을 활용하라

경험이 없는 연사는 쉬지 않고 계속 말해야 한다고 생각한다. 그들은 말이 쉼 없이 이어져야 한다는 중압감을 느낀다. 따라서 말이 끊어질 것 같으면 '……그리고……'나 '……에……'와 같은 말로 공백을 메우려 한다. 이 둘을 함께 써서 '……그리고……에……'라고 할 때는 정말 최악이다. 그런 말은 듣기 싫고 짜증스러우며, 전혀 불필요하다. 문장이 끝날 때마다 잠깐씩 쉬는 것은 아주 자연스럽다.

한 문장이 끝났다는 것을 표현하는 유일한 방법이기도 하다. 동시에 말끝의 억양을 낮춰야 한다. 목소리 톤이 높으면 말이 안 끝난 것처럼 들린다.

문장 하나를 끝낼 때마다 약 5~6초간 쉬어라. 그 정도 쉬었다고 생각해도, 실제 침묵한 시간은 2초쯤밖에 안 된다. 이 정도 시간이면 적당하다.

새로운 장을 시작하기 전에는 5~6초 정도 더 쉬어라. 이런 식으로 전체 연설을 몇개의 절과 장으로 나눌 수 있다. 다른 방법은 없다. 여기에는 침묵이 절대적으로 필요하다.

> 침묵하기 위해서는 용기가 필요하다. 말을 이어나가는 것이 훨씬 더 쉽다. 하지만 침묵은 필수적이다. 침묵은 화술에 반드시 필요한 요소이다.

당신은 다음과 같은 이유로 침묵해야 한다.

· 침묵은 연설 내용을 구분짓는다.
· 침묵은 연설 효과를 높인다.
· 침묵의 순간에 청중은 들은 내용을 정리하고 되새겨본다.

· 침묵하는 동안은 연사로서의 책임감을 잠시 내려놓을 수 있다.

· 침묵하는 동안 숨을 충분히 깊게 쉴 수 있다.

· 침묵하는 동안 앞으로 할 말을 생각할 수 있다.

3. 목소리의 높낮이를 조절하라

연설을 할 때에는 목소리의 높낮이에 변화를 주어야 한다. 계속 일정한 톤으로 말하면 청중은 얼마 지나지 않아서 꾸벅꾸벅 졸게 된다. 단조로운 연설은 청중을 꿈나라로 안내한다. 청중이 집중할 수 있도록 이끌지 못하면 청중은 당신 연설에 피로감을 느끼게 된다.

중요한 말은 조금 더 크게 말하고 그 뒤에는 잠깐 침묵하라. 마침표 전에 마침표를 찍는 것과 같다. 이것이 무슨 말인가? 글을 쓸 때는 문장 끝에 온점을 찍는다. 말을 할 때엔 끝을 내리고 잠깐 쉰다. 중요한 말 뒤에 잠깐 쉬어주면 당신의 관점이 강조된다.

당신은 자신의 관점을 억양으로 표현해야 한다. 그것은 쉼표(,)로는 할 수 없고, 오로지 온점(.)으로만 가능하다. 만약 "이것이 저의 관점입니다!"라고 말하려 한다면, 단어 위에 방점을 찍어라. 문장의

끝이 아니라 중간에 찍는 점으로 강조하라. 각각의 문장마다 자연스런 리듬을 만들어라.

- · 말한다.
- · 말끝을 내린다.
- · 더 이상 말하지 않는다.
- · 침묵한다.
- · 반응을 살핀다(청중을 바라본다).

4. 문장을 짧게 말하라

긴 문장은 이해하기도 어렵고 요즘 시대에 맞지도 않는다. 문장을 길게 말하는 연사는 지적이고 교양 있어 보일지는 모른다. 하지만 자신이 말한 내용의 대부분을 날려버릴 위험이 있다.

다음의 문장을 어떻게 생각하는가?

"스위스는 현재 곤란한 상황에 처해 있는데, 그 이유는 유럽 연합 (EU)이 점점 현실화되고 있는 상황에서 무역 정책면에서 유익한 미

래를 보장받기 위해 유럽연합에 가입하려면 더 많은 법규가 변경되어야 하는데, 이것은 민주주의 제도에서 용이하지 않은 것으로, 특히 스위스 국민의 대다수가 유럽연합에 가입할 필요가 없다고 생각하기 때문인데, 이렇게 되면 더 많은 문제를 안게 되고 현재의 위치가 위태로워질 것이므로, 그렇게 되기를 바라는 사람은 당연히 없을 것입니다."

상당히 유식하게 들리지 않는가? 하지만 도대체 무슨 말인지 이해가 가는가?

문장을 짧게 끊는 것이 좋다.

"스위스는 지금 어려운 상황에 빠져 있습니다. 현재 유럽연합은 점점 더 현실화되고 있습니다. 유럽연합에 가입하면 앞으로의 무역 정책면에 확실히 이익이 될 것입니다. 그러나 스위스가 유럽연합에 가입하려면 법을 많이 고쳐야 합니다. 여기에 민주주의 제도가 장애가 되고 있습니다. 스위스 국민 대다수가 유럽연합 가입에 찬성하지 않기 때문입니다. 그들은 꼭 유럽연합에 가입할 필요는 없다고 생각합니다. 하지만 사실은 그 반대입니다. 유럽연합에 가입하지 않으면 더 큰 문제가 생기게 됩니다. 현재 스위스의 지위도 위태로워질 것입니다. 그걸 바랄 사람은 당연히 없겠지요."

문장을 짤막하게 만드는 데 문법은 완벽하지 않아도 괜찮다. 이것이 현대적인 방식이다. 의사소통이 중요하지, 문법이 먼저는 아니다.

> 문장이 너무 늘어지지 않게 조심하라. 그렇지 않으면
> '그리고……에……' 같은 말을 하게 될 위험이 있다!

5. 수사적인 의문문을 제시하라

수사적인 물음은 대답이 필요 없는 질문이다. 이것은 화술에 가장 중요한 요소 중 하나이다. 누구든지 자신의 개성을 나타내는 데에 사용할 수 있다. 물론 너무 과장해서는 안 된다. 이제 '낚시'라는 주제를 세 가지 화술적 의문문으로 바꾸어 보겠다.

예를 들어 수사적 의문문을 사용하지 않고 그냥 서술한다면,

"저는 '낚시'에 대해 이야기하겠습니다. 낚시는 정신건강에 도움이 되는 활동입니다. 낚시에는 세 가지 종류가 있는데, 저마다 완전히 다른 도구를 사용합니다. 이제부터 하나씩 설명드리겠습니다."

이렇게 말을 꺼내면 사람들은 모두 등을 돌리고 말 것이다! 다음처럼 세 가지 수사적 의문문으로 시작하는 것이 더 좋다.

· 낚시는 왜 정신건강에 도움이 되는가?

· 낚시에는 몇 가지 방식이 있는가?

· 각각의 방식에는 어떠한 도구가 필요한가?

그 후에는 똑같이 말하면 된다. 처음에 이렇게 질문을 던짐으로써
청중의 관심과 흥미를 불러일으킬 수 있다. 질문을 들으면 청중은 답
을 생각하게 마련이다.

보기11에 제시한 순서를 지켜라.

보기11 말하기 순서

· 첫 번째 주제는 어떠한가? · 이것은 이렇구나! · 따라서 이 첫 번째 주제는 이러하다(논거와 예시 등으로 논리화하기).
· 두 번째 주제는 어떠한가? · 이것은 이렇구나! · 따라서 이 두 번째 주제는 이러하다(논거와 예시 등으로 논리화하기).
· 세 번째 주제는 어떠한가? · 이것은 이렇구나! · 따라서 이 세 번째 주제는 이러하다(논거와 예시 등으로 논리화하기).

예시: 조깅에 대해 말하기

"조깅이 의미 있는 스포츠라고 생각하십니까? 조깅은 어째서 그토록 멋진 운동으로 여겨질까요?

조깅을 해서 얻을 수 있는 것은 무엇입니까?

저는 조깅이 아주 의미 있는 운동이라고 생각합니다. 어떤 사람들은 조깅이 무릎 관절에 너무 많은 부담을 주어서 위험하다고 주장하지만 제 생각은 다릅니다.

왜냐고요?

조깅에 알맞은 에어쿠션이 있는 신발을 신으면 아주 가뿐하게 뛸 수 있어서 관절에 무리가 가지 않습니다.

조깅은 어째서 그토록 멋진 운동으로 여겨질까요?

조깅을 하면 아주 특별한 일이 일어납니다. 뛰기 시작해서 몇 분만 지나면 머릿속에서 모든 생각이 사라집니다. 그리고 내면이 완전히 고요해집니다. 대부분 이때에 창조적인 생각이 떠오릅니다. 바로 지난 주에 저는 조깅을 하다가 아주 멋진 아이디어 하나를 떠올렸습니다. 저는 그 아이디어를 곧바로 실행에 옮겼고, 아주 큰 도움이 되었답니다.

조깅을 하면 왜 정신적으로 충만해질까요?

조깅을 끝내고 샤워를 할 때, 긴장이 풀리고 편안해지는 그 느낌은 무엇과도 비교할 수가 없습니다. 그리고 조깅을 몇 주일만 계속해도 컨디션이 아주 좋아집니다. 정말로 몸이 달라집니다. 정신적으로나 육체적으로 능력이 훨씬 향상됩니다. 저는 조깅을 하면 삶의 질을 높일 수 있다고 확신합니다."

한 가지 조언을 덧붙이자면, 화술적인 의문문을 사용할 때에는 청중 가운데 특정한 누군가를 바라보면 안 된다. 만약 어느 한 사람을

주시하면서 말하면 그 사람은 자기가 대답해야 되는 줄 알고 부담을 느낄 것이다. 이때에는 그냥 관중의 상체 너머를 보라(예외의 경우임).

6. 몇 가지 실례를 준비하라

나는 어떤 주제를 뒷받침하는 데에 실례만큼 효과적인 것이 없다고 생각한다.

실례는 당신이 실제로 겪은 일이므로 논의의 여지가 없다. 누구도 당신의 고유한 경험을 반박할 수 없다. 아무리 강력한 반론도 당신이 몇 가지 경험을 제시하는 순간 힘을 잃고 만다. 정말로 그런 경험을 한 것이니까, 당신의 말은 참이 된다. 논리적으로는 아주 그럴듯한 이론도 실제로 일어난 일 앞에서는 맥을 못 추는 법이다.

당신이 개인적으로 경험한 일을 논거로 삼으면, 정말 어처구니없는 말에도 반박하기가 어려워진다.

"취리히의 전차 운전사는 참으로 불친절하기 짝이 없습니다! 저는 바로 지난주에 파라데 광장에서 7번 전차를 타려고 전차 창문을 두드렸습니다. 문을 열어달라는 뜻이었죠. 그런데 운전사는 제게 가운

데 손가락을 들어보이고는 그대로 가버렸습니다!"

누가 이 사실에 반박할 것인가? 어떤 사람은 이와 정반대되는 경험을 했을 수도 있다. 하지만 당신의 개인적인 경험을 반박할 수는 없다.

실례는 호기심을 불러일으키기 때문에 청중이 재밌어한다.

> 청중에게는 호기심이 있다. 그들은 연사가 어떤 부류의 사람인지, 어떤 생각을 하는지, 어떻게 느끼고 어떤 경험을 하는지 알고 싶어한다.

당신은 지금, 이 자리에서 실제로 체험한 몇 가지 예들로 호기심 어린 청중을 만족시킬 수 있다. 동시에 당신 자신의 감정을 '나는 ~ 하다'와 같은 방식으로 나타낼 수 있다. 이런 식으로 감정 표현을 하면 청중에게서 감정적인 동의를 끌어낼 수 있다.

"지난 주 목요일 제가 공장을 순회하고 있을 때였습니다. 어느 순간 프레스기가 고장 났다는 것을 알아차렸습니다. 그러나 사람들은 모두 멍한 표정으로 어쩔 줄 몰라 했습니다. 그때 저는 어찌된 일인지 열심히 생각했습니다. 지금 다시 기계가 망가졌습니다. 우리는 당장 새로운 해결책을 찾아야 합니다."

너무 오래전 일을 예로 들지 말아라. 그러면 고리타분하고 시대에 뒤떨어진 듯한 인상을 주게 된다. 실생활에서 항상 새로운 예들을 찾는 습관을 길러라.

> 고유한 경험에서 우러나온 예들은 청중에게 공감을 준다.
> 당신은 청중의 자연스러운 호기심을 충족시켜 준다. 당신은
> 확고부동한 증거를 제시함으로써 누구에게나 인정받는
> 특색을 지니게 된다.

청중 앞에서 개인적인 경험을 이야기할 때 조금 창피하더라도 자기 자신을 웃음거리로 만들 수 있다면, 당신은 최고점수를 얻을 수 있다. 당신은 이런 이야기로 공감을 이끌어낼 수 있다.

그러나 위트와 개그를 동원할 때에는 조심해야 한다. 사람마다 유머를 받아들이는 방식이 다르기 때문이다. 또 하나, 주제에 알맞은 인용문을 사용하면 더 확실한 인상을 줄 수 있다. 인용을 할 때는 너무 많이 변형시키지 말고 본래 그 말을 한 사람을 밝혀라.

7. 단어의 의미에 주의하라

의미론이란 단어의 의미와 뜻을 연구하는 학문이다.

청중이 연사의 말을 다르게 해석하거나 오해할 경우 문제가 생길수 있다. 물론 오해는 말보다 글로 씌어졌을 경우에 더 많이 일어난다. 단어는 시간이 지나면서 완전히 다른 뜻으로(또는 다른 의미가 더해지며) 변할 수 있으므로 말의 유행을 제대로 따라가는 것이 중요하다.

두 가지 예를 들어 보자.

'문제(Problem)' 라는 단어는 예전에는 '풀어야 할 숙제' 라는 의미로 쓰였다. 그러나 오늘날에는 '어려운 점' 이라는 의미로 쓰인다. 청중을 설득하고 감동시키기 위해서는 근본적으로 부정적인 말을 써서는 안 된다. 그래서 요즘은 '문제' 라는 단어를 잘 사용하지 않는다.

'섹시한(sexy)' 이라는 말은 예전에는 점잖지 못한 말이라고 해서 잘 쓰이지 않았다. 그러나 오늘날에는 '멋진, 매력적인' 이라는 뜻으로 쓰이고 있다.

내가 항상 강조하듯이, 훌륭한 연사는 실수를 많이 해도 괜찮다. 사람들도 실수를 나쁘게 받아들이지 않는다. 연사의 행동과 몸 전체에서 뿜어져 나오는 강한 개성과 열정 때문에 사람들은 단어 하나하나를 저울질하지 않는다.

그렇지만 앞서 얘기한 것처럼 중요한 연설에서는 낡은 표현이나 시대가 흐르면서 의미가 변해버린 단어를 잘못 사용하지 않게 주의해야 한다.

8. 영어식 표현, 제대로 알고 말하라

오늘날 글을 쓰거나 말할 때 올바르고 순수한 국어를 사용하기란 쉬운 일이 아니다. 우리는 이미 요즘 유행하는 영어식 어법의 영향을 많이 받은 국어에 익숙하다. 완전히 정착된 영어식 표현의 예들을 살펴보자.

- **컴퓨터**
- **소프트웨어**
- **마케팅**
- **스킬**(기술, 방법)
- **툴**(도구)
- **맨투맨**(개인적인 대화, 일대 일 관계)

- 컨트롤러

- 컨트롤링

- 라이프스타일

- 그 외 여러 가지

    영국이나 미국에 있지도 않은 표현이 쓰이는 경우도 있다. 예를 들어, '웰니스'나 '핸디'(한국식 영어 표현으로는 핸드폰, 미국에서는 모바일 텔레폰이라고 한다 – 옮긴이) 같은 것이 있다.

    하지만 프랑스처럼 영어식 표현을 법률로 금지하는 것도 우습다. '순수 프랑스어'를 지키겠다고 프랑스 밖에서는 아무도 못 알아듣는 옛날식 프랑스어를 고집하는 것은 부질없는 일이다.

- 컴퓨터 = 오르디나뙤르

- 소프트웨어 = 로지시엘

    프랑스어가 1750년~1850년에 대단히 세련된 언어로 인정받으며 한때 세계에서 가장 현대적인 언어였다는 것을 생각할 때, 오늘날 프랑스어의 처지는 실로 안타깝다.

    독일어는 일본어처럼 유력한 지역 언어 중 하나이다. 또한 일본어와 마찬가지로 아름다운 언어이지만 세계어로서의 전망은 불투명하다. 반면 영국과 미국의 언어는 명실 공히 세계어로 우뚝 섰다. 그밖에 제2의 언어로는 여러 언어가 쓰이고 있으며, 사용자가 많은 언어는 운 좋게 보호될 것이다.

젊은 세대는 이미 피진영어(Pidgin Englisch. 영어와 지역 언어가 혼용된 변형 언어로 한국식으로 말하면 콩글리시이다 – 옮긴이)를 쓰며 자라나고 있다. 5년 전만 해도 누가 '쿨(cool)' 이나 '펀(fun)' 을 운운했는가?

현재 통용되고 있는 영어식 표현은 제대로 알고 사용해야 한다. 그렇지 않으면 목표 집단에 따라 다르겠지만 당장에 '업 투 데이트(up to date)' 하지 못하는 사람, 즉 시대에 뒤떨어진 사람이 되고 만다!

6 지피지기면 백전백승, 철저히 준비하라

누구에게 무엇을 어떻게 말할 것인가?

스스로 준비되어 있지 않으면 성공이란 없다.

　사람들은 연설 준비를 대수롭지 않게 여기는 경향이 있다. 연설에
앞서 대부분 준비할 시간이 주어진다. 경험으로 보건대 어떤 발표나
연설을 즉석에서 해내야 하는 경우는 거의 없다. 그런데도 사람들은
막판에 가서야 연설 준비를 시작하곤 한다. 물론 머릿속으로는 훨씬
전부터 연설할 주제에 대해 고민을 하겠지만, 연설은 시간을 두고 차
근차근 생각하며 준비해야 한다. 그러다 보면 어떤 결정적인 말이나

훌륭한 예시, 독특한 비교, 인용구 같은 것들이 떠오른다. 좋은 생각이 떠오르면 그때그때 적어두어라.

연설은 오랜 시간을 들여 주제에 대해 생각할 때부터 시작된다.

1. 목표 집단을 분석하라

연설 준비를 하기 전에 청중이 어떤 사람들인지 그리고 그들이 무엇을 기대하는지 고려해야 한다. 목표 집단에 따라 연설은 완전히 달라진다.

그들의 관심 여하에 따라 연설의 유용성이 결정된다. 모든 연설은 목표 집단에 맞춰져야 한다. 여기에서 잘못되는 경우가 많다. 초고를 작성하기 전에, 보기12의 '목표 집단 분석'에 주목하라.

'목표 집단 분석'은 한정된 범위의 사람들 앞에 나설 때 필요하다. 텔레비전이나 라디오에 출연하거나 신문 인터뷰를 할 때에는 일반 대중을 대상으로 한다. 그럴 때는 선별된 특정 청중이 아니라, 모든 대중을 이해시키고 설득해야 한다. 당신의 말은 이제 더욱 비중을 지니게 된다. 이럴 때는 간단하고 명료하게 말해야 한다.

보기12 목표 집단 분석

목표 집단 분석
청중은 어떤 사람들인가? 누구를 대상으로 말하는가? 참석 인원은 얼마나 되는가?
어떤 청중을 대상으로 하는가? ·연령 구조　　　·사회 계층 ·교육 수준　　　·사전 지식 ·직업　　　　　·지위 ·교양　　　　　·경험 정도 ·출신　　　　　·전문가인가 일반인인가?
청중은 어떤 입장을 취하는가? 어떤　·기대 　　　·생각 　　　·동기 　　　·견해 　　　·편견을 가지고 있는가?
청중은　무엇에 관심이 있는가? 　　　　무엇에 관심이 없는가? 　　　　무엇을 중요시하는가? 　　　　무엇을 덜 중요시하는가? 　　　　무엇을 알고 있는가? 　　　　무엇을 듣고 싶어하는가?

> 말 하나하나를 분명히 해야 한다. 당신이 연사로서 생각하고
> 말하는 것은 청중도 그렇게 생각하고 이해할 때에만 유효하다.

내용은 좋지만 실제 결과가 나빴던 연설의 예는 수도 없이 많다. 그 원인은 연설의 대상을 제대로 고려하지 않았거나 잘못 평가한 데에 있다.

자연스러운 태도와 행동은 늘 중요하다. 단, 공식석상에 나설 때는 말투의 중요성이 더 커진다. 청중을 이해하는 방식에 따라 말투가 달라진다.

2. 목표와 중심 과제를 설정하라

나는 연설을 통해 무엇을 성취하고자 하는가? 나의 중심 과제는 무엇인가?

이 두 질문은 모든 연사에게 해당된다. 지금껏 수많은 연설을 들어왔지만 개중에는 도대체 무슨 말을 하고 있는지, 아무 생각이 없어 보이는 연사도 많았다. 청중이 연설에 대해 불확실한 느낌을 받지 않

게 하라!

무엇이 나의 주된 관심사인가? 연설에서 가장 마음에 와닿는 것은 무엇인가? 연설에서 나에게 가장 중요한 것은 무엇인가?

이 질문들은 자연스럽게 중심 과제를 드러낸다. 당신은 이 과제를 맺음말의 형태로 표현할 수 있다. 맺음말은 가능한 한 호소력이 있어야 하고 행동을 촉구하는 것이어야 한다. "나아가 실천하십시오!"

맺음말을 작성하고 나면 준비하고 있는 연설 전체의 방향이 잡힌다. 모든 일에는 일관된 중심이 있게 마련이다. 당신은 한 걸음 한 걸음씩 당신이 정한 목표, 즉 맺음말을 향해 나아가기 때문에 주제 밖으로 벗어나지 않게 된다. 이러한 방법은 당신에게나 청중에게 훨씬 이롭다.

맺음말을 작성해두면 삼천포로 빠지는 것도 막을 수 있다. 어떤 이야기를 하든 하나의 주제를 향해 나아갈 수 있다. 당신 자신이 처음부터 나아갈 방향을 알고 있기 때문에 청중들 역시 연설 내용을 제대로 이해하게 된다.

> 분명한 목표를 향해 한 걸음씩 나아가는 사람은 자신감이 가득하고 주도적이다. 그와 청중은 모두 확신과 의욕을 지니게 된다.

3. 짧은 연설과 중대한 연설을 구분하라

과연 짧은 연설을 위해서도 사전준비가 필요한가? 물론 필요하다. 그렇지만 몇 분이면 충분하다. 어떤 기념일이나 행사에 참가했을 때 갑자기 연설을 부탁받았다고 가정해보자. 어떻게 미리 준비를 할 수 있겠는가? 당신은 물론 "저는 다음 기회에 한 말씀 올리기로 하죠. 예, 아마 내년에나요!"라고 말할 수 없다. 이러면 안 된다. 당신은 즉시 자리에서 일어나 짤막한 연설을 해야 한다. 그리고 단도직입적으로 본론에 들어가야 한다.

막상 이런 상황에 닥치면 심기가 불편한 것이 사실이다. 사람들은 연설을 제대로 즐길 줄 모른다. 그래서 문장 하나하나마다 "뭐라고 대답해야 하나? 이 말을 할까 말까?" 고민한다.

메모를 준비하는 것도 여의치 않을 경우가 많다. 기념식에서 메모를 만드느라 시간을 끄는 것은 보기에 좋지 않다. 이럴 때에는 순발력을 발휘해서 좋은 아이디어와 반짝이는 재치로 대처해야 한다. 어떻게 하면 그럴 수 있는가?

일단 당신에게 중요한, 그래서 당신이 말하고자 하는 것 세 가지를 외워라. 셋은 좋은 수이다. 세 가지 생각쯤은 머리에 담아둘 수 있다. 다음의 질문에 대답하라.

· 무엇이 가장 인상적인가?

· 무엇이 가장 마음에 드는가?

· 무엇을 증명할 수 있는가?

· 무엇을 정확하게 말해야 하는가?

· 답변의 중심 과제는 무엇인가?

그리고는 그냥 일어나 말을 시작하라. 그러면 말이 나온다! 제1장에서 읽은 연사의 개성에 대한 내용을 생각하라. 당신이 무슨 말을 하는가는 전혀 중요치 않다! 중요한 것은 당신의 기분과 마음 상태이다. 반드시 기분 좋은 상태에서 연설을 시작해야 한다. 사람들은 당신의 감정을 그대로 느낀다. 청중이 당신의 입장에 공감하게 만들라. 사람들은 당신의 상황에 자신을 대입해보고, 당신이 지금 연설 제의에 감동하는 동시에 약간의 중압감과 스트레스를 받고 있다는 것을 이해할 것이다.

짧은 연설은 길이가 적절해야 한다. 짧은 연설을 30분이나 끌면 안된다. 3분 동안에 요점을 말할 수 있다면 그것으로 충분하다. 5분 정도도 괜찮다. 하지만 절대로 10분을 넘겨서는 안 된다. 연설은 짧으면 짧을수록 좋다!

긴 연설을 위해서는 심도 있는 사전준비가 필요하다. 중대한 연설은 모두가 잊지 못할 감동적인 연설이어야 한다. 예컨대 당신이 어떤 유명한 사람의 생일파티에 초대받았다고 하자. 그곳에는 다른 유명 인사들도 많이 참석해 있다. 당신은 거기서 연설을 해야 한다. 그때는 '짧은 연설'이 아니라 '중대한 연설'을 해야 하며, 사람들에게 선명한 인상을 남겨야 한다. '중대한 연설'을 준비하는 데에는 더 많은 시간이 필요하다.

4. 자료를 수집하라

중대한 연설은 어떻게 준비할까? 집을 한 채 지으려면 재료가 필요하다. 건축용 석재를 비롯해 목재, 벽돌 등 필요한 것이 많다. 재료를 남기지 않으려고 애쓰면 나중에는 반드시 부족해진다.

처음부터 자료가 어느 정도 필요할지 미리 정확하게 계산할 수는 없다. 따라서 가능한 한 많은 자료를 모아야 한다. 연설 준비가 다 되었다면 한번 더 꼼꼼하게 살펴서 버려야 할 자료는 없는지 따져보라.

단, 자료를 모으기 전에 다음과 같은 감정적이고 심도 있는 질문에 답해야 한다.

· 이 주제는 내게 어떤 의미가 있는가?

· 가장 마음을 끄는 것은 무엇인가?

· 가장 많이 생각해야 할 것은 무엇인가?

이 질문들에 대한 대답은 당신 연설의 핵심이 될 것이다.

이제 당신이 생각하는 주제와 중심말들을 모아라. 어떤 논거와 예시, 비교, 인용, 결정적인 말로 연설의 토대를 삼을지 생각하라.

연설에서 사용할 맺음말과 인용구는 완전한 문장으로 적되, 그외에는 핵심 단어들만 적어라.

이러한 원고 작성법에는 두 가지 확실한 장점이 있다.

첫째, 일이 훨씬 줄어든다

준비 단계에서 연설 내용을 모두 완전한 문장으로 적으려면 시간이 아주 많이 걸린다. 전체적인 맥락이 일목요연하지는 않겠지만, 핵심 단어들로 부분 원고를 작성해두면 나중에 원고를 고칠 때 수고를 덜 수 있다.

둘째, 원고를 보며 줄줄 읽게 될 염려가 없다

경험상, 문장을 완전하게 써놓으면 연단에 섰을 때도 연설문을 앞에 두고 말하게 된다. 그러면 자연히 보고 읽게 된다. 하지만 핵심 단어만 써놓았을 때에는 즉흥적으로 말할 수밖에 없다. 따라서 당신이 연설하는 과정에 청중도 함께 참여하게 된다. 미리 작성된 원고를 읽어 내려가는 것은 끔찍하게 지루하다(인스턴트 식품을 먹는 것이 설마 즐거울까요?).

5. 원고를 과감히 삭제하라

당신은 연설을 위해 많은 자료를 모았다. 그 자료들이 지금 여기저기 널려 있다. 이제 그것들을 치워버려라. 청중에게 그 많은 것을 다 들으라고 강요하지 말아라. 꼭 필요하지 않은 자료들은 모두 역작용을 야기할 뿐이다.

▌ 너무 장황한 말은 당신의 목표를 완전히 망쳐버린다.

쓸데없이 넘치는 말은 다 버려라. 유감스럽게도 수많은 연사들이 그걸 못한다. 그래서 매번 연설이 끝날 때마다 사람들이 "넘치면 모

자람만 못하다!"고 말하는 것이다. 항상 이렇게 주어진 시간을 초과하는 연사들이 많다. 시간 초과는 청중의 정신을 상대로 범죄를 저지르는 것과 같다.

나는 대중을 사로잡는 연사들을 많이 봤다. 그때 차례를 기다리던 다른 연사들은 속수무책으로 그를 바라볼 수밖에 없었다. 그들은 본래 기획한 대로 연설할 수가 없었다. 그들 중 대부분은 미리 준비해 온 연설 원고를 줄여야 했다. 머릿속에서 연설 내용을 처음부터 끝까지 다시 검토하면서 어떤 부분을 버릴지 생각하라.

다음과 같은 것들은 모두 빼버려라.

· 전혀 주제에 맞지 않는 것
· 청중이 이미 알고 있는 것
· 연설 목표에 부합하지 않는 것
· 스스로 확신하지 못하는 것
· 청중이 관심 없어 하는 것
· 너무 장황하고 지루한 것

소위 빼버리기 과정을 통해서 연설 내용을 3분의 1가량 줄여야 한다. 아주 과감하게 빼버려라! 전문적인 지식 따위는 그냥 넘어가라. 정말로 꼭 말해야 되지 않을까 싶은 것들도 삭제해버려라. 청중이 흥미를 못 느낄 만한 것들은 모두 없애버려라!

그러면 당신은 이런 잘못들을 피해갈 수 있다.

· 연설이 지루해지는 것
· 청중이 잠들어버리는 것

· 청중을 설득하지 못하는 것

· 시간을 초과하는 것

적절한 한마디가 제 맛을 낸다! 지금까지 보아온 연사들이 모두 연설 내용의 3분의 1만 잘라내고 사이사이에 잠깐씩 여유를 주었더라면, 훨씬 좋은 연설이 되었을 것이다!

6. 원고는 어떻게 만들 것인가

연설 원고는 종이 한 장에 준비하라. 절대로 종이 뭉치에 쓰지 말라! 연사가 청중 앞에서 계속 원고지를 넘기는 모습은 보기에 좋지 않다.

사적인 모임에서 연설할 때는 A6용지 크기의 작은 종이를 사용하는 것이 제일 좋다. A4용지나 도화지 반 장 크기의 종이를 두 번 접어서 잘라라. 그러면 작은 메모지 넉 장이 생긴다. 이 정도 크기가 가장 알맞다.

이 카드들은 가방에 넣고 다니기 편할 뿐 아니라 손에 들고서도 팔과 손을 자유롭게 움직일 수 있다. 그러면 얼마든지 자연스러운 몸짓이 가능하다. 원고를 두 손으로 들면 손이 자유롭지 않아서 제대로 말할 수가 없다.

카드 한 장에 핵심 단어를 8개 이상 적지 말라. 8개 정도면 충분히 크게 쓸 수 있으므로 카드를 눈앞에 가까이 가져갈 필요가 없다. 또한 8개의 핵심 단어가 씌어 있는 카드 한 장이면 약 1분 정도 말할 수 있다. 질문표를 통해 수사적인 질문을 명확히 해둬라. 어떤 경우에든 '나는 ~하다' 패턴의 표현 보기를 참고하고 잊지 말아라.

카드 오른쪽 위에 번호를 매겨라. 카드에는 핵심 단어만 씌어 있기 때문에 카드들이 서로 섞여버리면 다시 순서대로 맞추기가 어렵다.

인용구와 맺음말은 완전한 문장으로 적어놓아라. 인용구는 임의로 바꾸어서는 안 되고, 맺음말은 청중에게 강한 인상을 남기는 데 아주 중요하기 때문이다.

폭넓은 청중을 상대로 연설할 경우에는 A4용지에 핵심 단어를 써서 강단 탁자에 놓고 보는 것이 좋다. 그러면 원고를 손에 들고 있지 않아도 된다. 하나로 묶기보다는 종이 오른쪽 위에 번호를 매겨 낱장으로 준비하는 것을 권하고 싶다. 그러면 필요할 때마다 따로 왼쪽에 옮겨둘 수 있어 간편하다.

큰 종이에는 핵심 단어를 15개까지 써도 좋다. 그러면 장당 약 2분

보기13 소규모 청중을 위한 연설 원고

넷으로 자른 A4용지
(21×29.7cm)

A6용지 (10.5×14.8cm)
한 장당 최대 8~10개

간 말할 수 있는 분량이 된다. 원고를 탁자 위에 놓고 보면 손에 들고 있을 때보다 눈과 원고 사이가 더 멀어진다. 따라서 글씨를 크게 써야 한다.

OHP를 사용할 때에는 원고에 맞추어 언제 어떤 페이지를 보여주어야 하는지 주의하라.

보기14에 '연설 준비를 위한 체크 리스트'가 있다. 순서에 따라 주의 사항을 확인하고 바르게 준비하라.

보기14 연설 준비를 위한 체크 리스트

목표 집단 분석하기

청중은 몇 명이나 되는가?
청중은 어떤 사람들인가?
· 직업   · 교육 수준
· 나이   · 일반인 / 전문가
· 출신   · 경험 정도

청중들의 입장은 어떠한가?
· 찬성?   · 중립?   · 반대?
· 긍정적?   · 열린 태도?   · 회의적?

청중은 무엇에 관심이 있는가?
· 그들에겐 무엇이 중요한가?   · 무엇이 중요하지 않은가?
· 무슨 말을 듣고 싶어하는가?

목표 및 중심 과제 설정하기
· 연설을 통해 무엇을 얻고자 하는가?
· 나의 중심 과제는 무엇인가?

원고를 작성하기 전에 주제에 대해 스스로 질문하기
· 나에게 어떤 의미가 있는가?   · 무엇이 나에게 가장 중요한가?
· 무엇이 가장 마음에 드는가?   · 무엇이 가장 마음에 들지 않는가?
· 나는 ……에 대해 어떻게 생각하는가?

자료 수집하기
· 주제   · 논거   · 사실
· 보고   · 예시   · 비교
· 추리   · 결정적인 말   · 개그

체계화시키기
· 서론   · 본론   · 결론

빼버리기
· 청중이 이미 알고 있는 것   · 청중이 별로 관심 없는 것

7 기승전결에 따라 3차원적으로 말하라

좋은 텍스트에는 시작, 중간, 결말이 있다.

좋은 연설, 좋은 강연은 좋은 짜임새를 갖추고 있다. 이제 구성과 짜임새, 형식, 내용, 프리젠테이션에 대해 알아보자. 물론 다른 제반 상황에 대해서도 논할 것이다. 집이 아름다우려면 주위 환경과 잘 어울려야 하기 때문이다. 자, 그럼 우선 짜임새에 대한 이야기부터 시작하자.

한번은 어떤 사람이 영국인 소설가 서머셋 모옴에게 그의 단편소설들이 어째서 그렇게 세계적으로 유명해졌는지 물었다. 그는 이렇게 대답했다. "아주 간단합니다. 내 소설들은 모두 시작과 중간, 그리고 결말이 있지요!"

모옴의 말처럼 연설도 뚜렷하게 구분되어 전개되어야 한다.

청중은 구성이 확실한 것을 좋아한다. 그들은 당신이 무슨 말을 하려는 건지 금방 알고 싶어한다. 아무리 기다려도 무엇 하나 확실하지 않으면, 청중은 참을성을 잃거나 심지어 화를 내기도 한다. 그러므로

보기15 연설의 구성

시작—도입
중심부 (탄탄한 구성)
결말

연설이 어떻게 구성되고 전개될지 가능한 한 빨리 투명하게 밝히는 것이 유리하다.

1. 시작

"모든 일은 시작이 어렵다!" 우리가 흔히 하는 말이다. 하지만 나는 반드시 그렇다고 생각하지는 않는다.

앞에서 나는 '비언어적인 시작' 즉, 조용해질 때까지 아무 말 없이 청중을 바라보라고 권했다. 이때는 바로 당신의 '친구들', 당신에게 정신적 지지를 보내줄 사람들을 바라보는 것이다. 부름말을 사용할지 말지는 당신에게 달려 있다. 칭찬을 하는 것도 마찬가지이다. 당신이 정말로 무언가 아주 좋은 것을 보고 깊은 인상을 받았다면 연설을 시작할 때 그 느낌을 말하라. 단, 당신 안에서 우러나오는 진실한 말이어야 한다.

자, 이제는 어떻게 분위기를 띄울 것인가? 연설을 시작하는 말들 중에 특히 부정적인 말 세 가지가 있다. 사람들은 잘 믿지 못하는데, 사실 나도 예전엔 그런 말을 했었다.

1. "회장님, 그리고 이 자리에 계신 여러분! 분명하고 솔직하게 말씀드리겠습니다. 이것은 정말 문제가 아닐 수 없습니다. 우리 모두 이 문제 때문에 사기가 저하되고 있다는 사실을 느끼고 있습니다. 저는 지금 이 자리에서 분명하고 확실하게 말하고 싶습니다, 여러분……."

2. "여러분, 저는 여러분께 다음과 같은 주제에 대해 연설해 달라는 요청을 받았습니다. 우리 회사의 새로운 조직에 대해서입니다. 제게 주어진 시간 안에 이 주제의 주요한 측면들을 여러분께 제대로 보여드릴 수 있었으면 합니다."

3. "바쁘신데도 불구하고 어려운 발걸음을 해주신 총대표님께 정말 진심으로 감사드립니다. 그리고 이 자리에 계신 여러분, 회사를 대표해 진심으로 여러분을 환영합니다. 오늘 이렇게 여러분을 뵙게 되어 정말 영광입니다. 이제 여러분이 익히 알고 계신 주제에 대해 말씀드리겠습니다."

뻣뻣하고 장황하고, 또 사실상 아무 말도 하지 않은 것과 다름없는 이런 말은 아무 소용이 없다! 이 연사는 도대체 무슨 말을 하려는 것인가? 유감스럽게도 아직까지 이러한 말이 자주 쓰인다. 나로서는 도무지 믿을 수가 없다!

또 하나 중요한 포인트

█ 연설을 시작할 때 양해를 구하는 말은 반드시 역작용을 한다.

연설에 앞서 양해의 말을 하는 경우는 아주 흔하다. 하지만 나는 절대로 반대한다. 죄송하다는 말은 연사의 의도에 역행할 뿐이다. 그런 값싼 방법으로는 당연히 공감을 불러일으킬 수 없다. 청중은 어느 정도는 진실이 담겨 있는 다음과 같은 말을 들으면, 공감하기는커녕 오히려 비웃는다.

· 저의 부족한 어학 지식을 양해해 주시기 바랍니다.

· 시간이 부족한 관계로 제대로 준비를 못했습니다.

· 감기에 걸려서 꼼짝할 수도 없었습니다.

· 목이 좀 쉬었는데 좀 양해해 주십시오.

· 주제로 들어가기 전에 다른 이야기 좀 하겠습니다. 양해해 주십시오.

· 유감스럽게도 이 논거가 시의적절하다고는 볼 수 없지만, 검토할 시간이 없었습니다.

이렇게 사과의 말을 하면 연사도 기분이 편할 리가 없고, 청중들도 거부감을 느끼게 된다. 연설을 시작하면서 전체적인 개요를 말하라. 당신이 무엇을 말하려는지 시작 단계에서 확실히 알려주면 청중은 고마워할 것이다. 당신이 무엇에 대해 연설하려는지 미리 말하라. 도입부에서 두세 가지 수사적 질문을 잇달아 제시하라. 수사적 질문은 문제 해결의 실마리가 되는 동시에 청중을 연설의 주제로 이끌어준다. 이렇게 시작하면 청중의 주의를 집중시킬 수도 있고, 꼭 필요한 정보를 줄 수도 있다.

다음의 예를 참고하라.

새로운 체제는 어떠한가?

우리는 왜 그것을 도입해야 하는가?

그것은 어떤 장점이 있는가?

요트는 어떤 종류의 레포츠인가?

정말 그렇게 위험한가?

어떤 점이 그렇게 매력적인가?

올해 우리는 무엇을 달성했는가?

자부할 만한 점은 무엇인가?

어떤 문제점에 직면해 있는가?

청중은 이런 식의 시작을 좋아한다.

2. 중심부의 구성

연설이 길 경우 보기16에 제시한 9가지 방식을 이용해 중심부를 복합적으로 구성할 수 있다. 경우에 따라서는 더 많이 조합할 수도 있다. 단, 도입부에서 연설 개요를 청중에게 투명하게 알려야 한다. 그렇지 않으면 모든 것이 불확실해지고 만다. 시작 단계에서 연설의 구성을 미리 알려주어라.

짧은 연설에서는 다음과 같은 고전적인 그리스 형식이 가장 유용하다.

① 부름말(임의대로)

"존경하는 여러분……."

보기16 연설 구성을 위한 9가지 제안

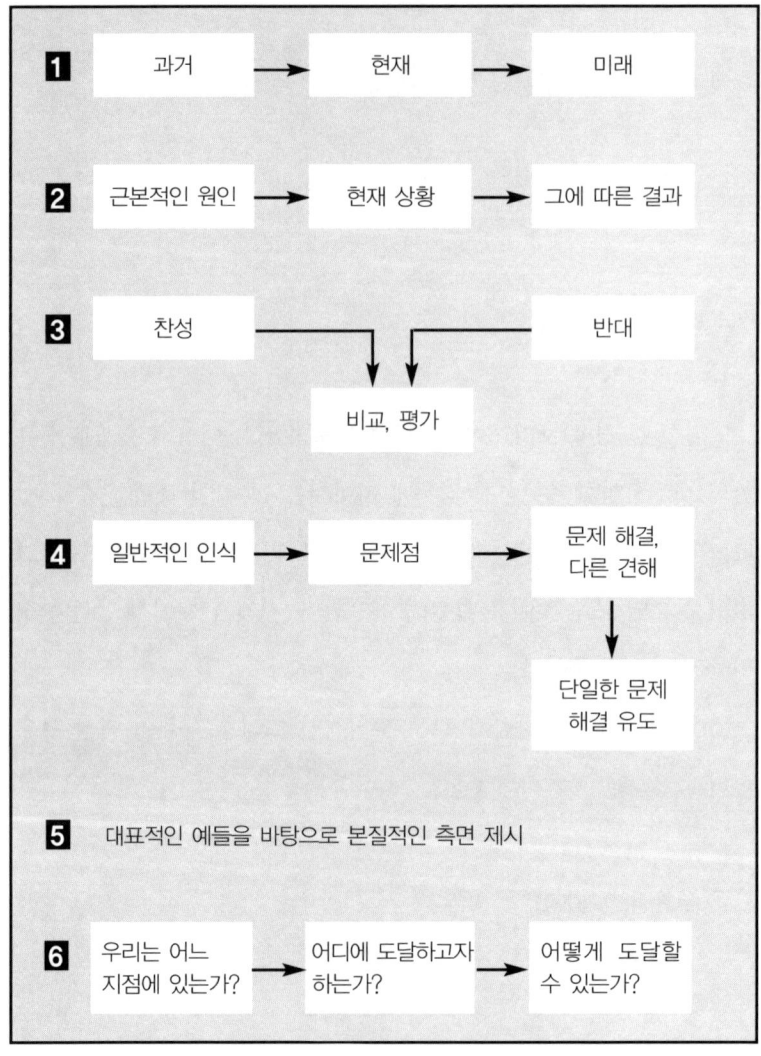

1 과거 ➝ 현재 ➝ 미래

2 근본적인 원인 ➝ 현재 상황 ➝ 그에 따른 결과

3 찬성 ─┐ ┌─ 반대
비교, 평가

4 일반적인 인식 ➝ 문제점 ➝ 문제 해결, 다른 견해 ➝ 단일한 문제 해결 유도

5 대표적인 예들을 바탕으로 본질적인 측면 제시

6 우리는 어느 지점에 있는가? ➝ 어디에 도달하고자 하는가? ➝ 어떻게 도달할 수 있는가?

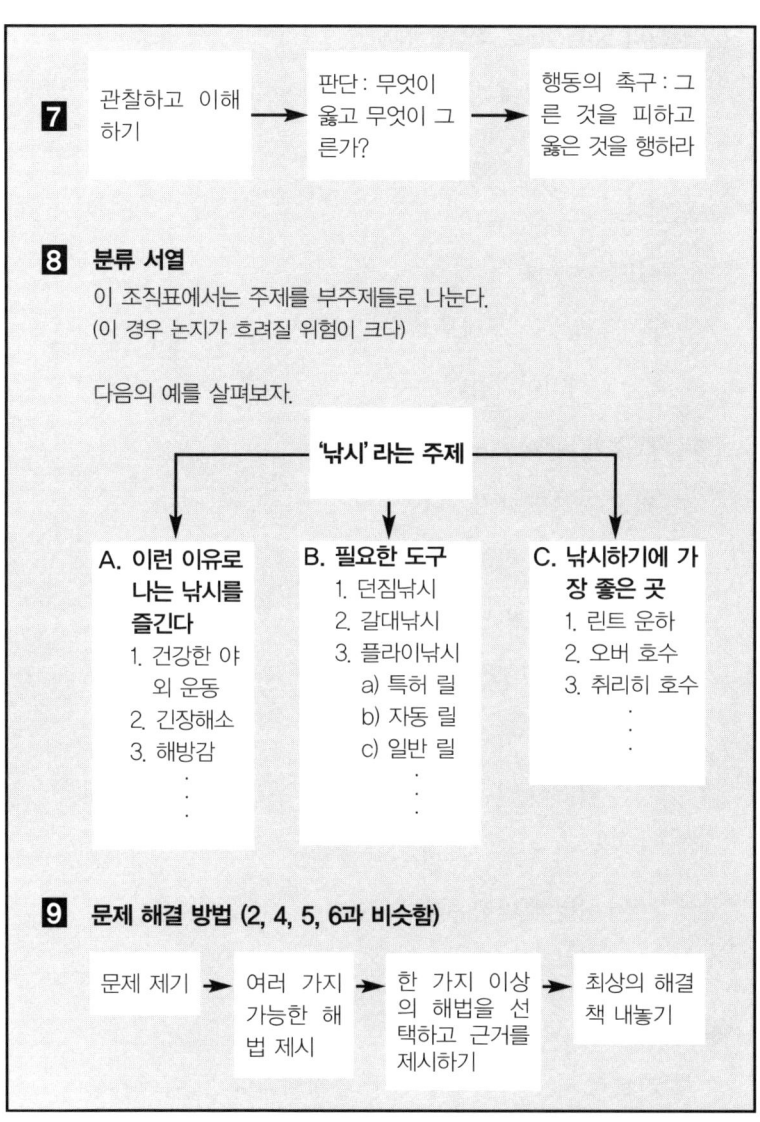

7 관찰하고 이해하기 → 판단 : 무엇이 옳고 무엇이 그른가? → 행동의 촉구 : 그른 것을 피하고 옳은 것을 행하라

8 분류 서열

이 조직표에서는 주제를 부주제들로 나눈다.
(이 경우 논지가 흐려질 위험이 크다)

다음의 예를 살펴보자.

'낚시'라는 주제

A. 이런 이유로 나는 낚시를 즐긴다
1. 건강한 야외 운동
2. 긴장해소
3. 해방감
⋮

B. 필요한 도구
1. 던짐낚시
2. 갈대낚시
3. 플라이낚시
　a) 특허 릴
　b) 자동 릴
　c) 일반 릴
⋮

C. 낚시하기에 가장 좋은 곳
1. 린트 운하
2. 오버 호수
3. 취리히 호수
⋮

9 문제 해결 방법 (2, 4, 5, 6과 비슷함)

문제 제기 → 여러 가지 가능한 해법 제시 → 한 가지 이상의 해법을 선택하고 근거를 제시하기 → 최상의 해결책 내놓기

② 칭찬의 말(임의대로, 적절할 때에만)

"저는 이러한 점에 강한 인상을 받았습니다……."

③ 중심부

1. 사실내용의 서술

수사적 질문: "무엇무엇은 어떠한가?"

대답: "이러이러하다."

2. 개인적인 의견으로 주제 나타내기

"저는 이렇게 생각합니다."

"저의 견해는 이러합니다."

3. 주제에 대한 논거

"그 근거는 이렇습니다."

"이것은 실제 사실입니다."

"저는 이러한 일을 직접 겪었습니다."(실제 예)

"그것은 마치……."(비교)

"그는 이렇게 말했습니다."(인용)

④ 결말

"그러므로 저는 이렇게 할 것을 주장합니다."(행동의 촉구)

"그러므로 저는 이러해야 한다고 확신합니다."(개인적인 주장)

3. 결말

연설이 결말에 이르면 모두가 기뻐한다. 이제 드디어 연설이 끝나는군! 대부분 이렇게 생각한다. 청중 역시 연설이 끝날 때가 되면 기뻐한다. 유감스럽게도 청중이 연설을 더 듣고 싶어하는 경우는 거의 없다. 사실 그 반대일 때가 더 많다. 연사가 예상보다 더 일찍 연설을 끝내면 대다수의 청중은 매우 기뻐한다. 단, 절대로 "이제 연설을 마치겠습니다"라고 말하지 말아라. 이런 말을 하면 그 이후에 당신이 하는 말은 모두 가치를 잃는다. 청중은 "저 사람은 연설을 마치겠다더니 왜 계속 말하는 거야?"라고 생각한다.

정리하기

"이제 정리를 하겠습니다." 또는 "요약을 하겠습니다"라고 말하라. 마지막에 요점과 주요 논거를 반복하라. 그러나 말이 너무 길어지지 않도록 주의해야 한다. 마지막 정리는 짧고 함축적이어야 한다.

연설에서 가장 중요한 문장은 맺음말이다

맺음말은 연설 전체에서 가장 중요하다. 맺음말이 올바르게 짜여져 있으면 강연장에 늦게 들어온 사람들도 연사가 무엇에 대해 말했는지 단번에 알 수 있다. 행동을 촉구하는 맺음말은 고전적인 그리스식 화술에서뿐 아니라 오늘날에도 매우 유용하다. "그러므로 이러이러하게 하십시오"라고 말하면 적어도 청중은 연사가 무엇을 원하는지는 알아듣는다. 청중이 정말로 그렇게 하느냐 마느냐는 별개의 문제이다. 그래도 최소한 주제를 분명하게 나타내주는 역할은 한다. 그렇다고 모든 주제와 안건마다 호소적인 맺음말을 쓰면 안 된다. 특히 어떤 상품을 홍보할 때, "그러므로 지금 즉시 주문하십시오!"라고 말하지 말라. 이럴 경우 청중은 완전히 그 반대로 행동할 위험이 크다. 다음처럼 개인적인 고백을 사용하는 게 더 낫다. "이러한 이유로 저는 이 상품이 여러분에게 매우 유용하다고 확신합니다."

▌맺음말 뒤에 더 이상 말을 해서는 안 된다!

맺음말을 분리하지 않도록 주의하라. 맺음말 이후에는 절대로 말을 더 해서는 안 된다. 그러면 청중에게 어떻게 연설이 막바지에 다다랐다는 것을 알릴 수 있을까? 끝에쯤 가서 이렇게 말하는 연사들이 많다. "경청해 주셔서 감사합니다." 나는 이런 말을 하지 않는다. 청중이 연설에 주의를 기울이지 않았다면 그것은 어디까지나 연사의 잘못이다. 마찬가지로 청중이 열심히 귀를 기울였다면, 그것은 연사가 잘했기 때문이다. 따라서 연사는 자기 자신에게 감사해야 한다. 단, 텔레비전 토론에서는 다르다. 이때는 시청자가 텔레비전을 꺼버릴 경우를 항상 예상해야 한다(연설이나 발표 때도 그럴 수만 있다면!). 나는 맺음말 뒤에 짤막하게 "감사합니다!"라고만 할 것을 권한다. 이런 감사의 말로 당신은 청중에게 이제 박수를 칠 적절한 시점임을 알린다. 끝!

연설의 결말에는 울림이 있어야 한다

연설이 막바지에 다다를수록 더욱 긴장이 고조되게 항상 신경을 써야 한다. 긴장감을 조성하라. 목소리를 점점 더 높여라.

천천히 점진적으로 목소리 톤을 올려라. 말이 끝날 때마다 더 길게 침묵하라. 물론 계산된 침묵이다. 맺음말은 크고 분명하게, 장엄하게 말하라. 그렇게 하면 큰 박수를 끌어낼 수 있다. 박수는 연사에게만 중요한 것이 아니라 청중에게도 매우 중요하다. 박수는 연설에 대한 보답이다. 그러니 박수를 만끽하라. 박수가 계속되는 동안에는 연단에 그대로 서 있어라. 박수가 멈출 때까지 계속 청중을 응시하라. 그

리고 나서 청중에게 감사를 표하라.

　박수는 청중 한 사람 한 사람에게 당신이 아주 훌륭했다는 인상을 남긴다. 마지막까지 회의적이었던 사람도 열렬히 이어지는 박수에 결국 설득되고 만다. 그는 이제 당신의 의견에 반대하기가 어려워진다. 이것이 화술의 힘이다.

4. 시각적 보조물

▌백문이 불여일견이다!

청중은 전체 연설의 겨우 20퍼센트만을 기억한다(그래도 연사 얼굴은 분명하게 기억한다!). 이 정도만 청중의 머릿속에 확실하게 남아도 연설의 내용은 충분히 전달된 셈이다.

그런데 사람들은 그림을 보면 내용의 30퍼센트를 기억한다. 연사가 시각자료를 활용하면 기억률을 50퍼센트까지 끌어올릴 수 있다는 얘기다. 여기에 어떤 보조 자료들이 주로 사용되는가? 영화, 슬라이드, 청각자료, 프로젝션 등은 예외적인 경우에만 유용하며, 준비하고 설치하는 데에 비용이 적잖게 든다. 영화를 보여주려면 강연장을 어둡게 해야 하고, 슬라이드를 보여주려면 조명을 약하게 해야 한다. 그러면 청중과 비언어적인 대화를 나눌 수 없게 된다. 따라서 청중은 꿈나라 여행을 떠나고 만다!

사람들은 흔히 이 점을 지나친다. 오랜 시간 슬라이드를 보여줄 경우, 연사는 청중의 시야에서 벗어난 상태로 말을 하게 된다. 이러한 연설을 소위 슬라이드 연설이라고 한다. 슬라이드 연설은 연설과는 다른, 설명이 딸린 연속그림이라 할 수 있다. 오늘날 그 정도는 편안

하게(그리고 더 훌륭하게) 집에서 텔레비전으로 볼 수 있다.

도표는 연설이 계속되는 동안 어떤 정보를 시각적으로 나타낼 때에 특히 유용한 보조 수단이 된다. 야외에서 하는 연설이나 프리젠테이션, 건설 현장 같은 경우에는 도표를 사용하는 것이 가장 좋다. 물론 도표로 나타내는 시각자료는 최대 수용인원이 약 40~50명 정도 되는 방에 알맞은 크기여야 한다.

OHP

오버헤드프로젝터는 오늘날 일반적으로 사용되고 있다. 나는 개인적으로 OHP 없이 강연이나 세미나를 한다는 것은 생각할 수조차 없다. 하지만 OHP는 보조 수단일 뿐, 주가 되어서는 안 된다. 사람들은 부분적으로 사용하는 데 그치지 않고 모든 내용을 OHP로 전달하려고 한다. 강연자가 30센티미터도 넘는 OHP를 들고 나오면 청중들은 내심 "아이고, 저걸 언제 다 해!" 하고 난감해한다. 연사는 OHP를 한 장씩 차례로 올려놓으며 그 내용을 간략하게 설명한다. 이것은 연설도 강연도 아니다. 연사는 'OHP 앵무새'이며, 이미 OHP를 통해 보여진 내용을 그대로 지껄일 뿐이다. 연사는 청중과 눈을 마주칠 틈도 없게 된다. 그는 혼자서 오버헤드프로젝터와 이야기할 뿐이다.

OHP를 너무 많이 사용하지 않도록 주의하라! 또 중간중간 OHP를 꺼놓아야 한다. 그래야 앞에서 강조한, 홍미진진한 비언어적 대화를 실천할 수 있다. 보기17을 참고하라. 보기17에 연설 시간에 따른 적당한 OHP 수를 제시해 놓았다. 나도 연설할 때 이것을 참고한다. 그리고 가끔 청중과 눈을 마주치도록 신경쓴다.

또 하나, 글자 크기도 아주 중요하다. 글자 크기에 신경쓰지 않는 사람들이 생각보다 많다. 어떤 경우 글씨가 너무 작아서 맨 앞자리에 앉은 사람들조차 보기 힘들 때가 있다. 보기18은 내가 OHP를 사용할 때 쓰는 글자 크기이다. 이 정도 크기이면 청중의 수가 아무리 많아도 문제 없다!

보기17 적당한 OHP 수

연설시간	OHP 수(최대치)
10분 이하	5
11~15분	10
16~20분	15
21~30분	20
31~50분	40

파워포인트

파워포인트 프로그램은 노트북 컴퓨터의 보급과 함께 빠르게 일반화되었다. 이제는 이런 프로그램을 사용하지 않으면 시대에 뒤떨어진 사람이 되고 만다. 간혹 이 신기술에 흥분한 사람들이 연설에 잘못 이용하는 경우가 있다. 파워포인트를 그냥 차례로 그림을 보여주는 용도로만 사용하고, 연사 혼자 그에 대해 몇 마디 말하고 만다면, 그는 청중들과 어떠한 관계도 맺지 못한다. 내가 지금까지 얘기한 모든 의사소통 기술, 어떻게 청중을 감동시키고, 관계를 맺고, 감정에 호소하는가 하는 것들이 다 잊혀지고 만다. 파워포인트를 쓰려면 OHP를 사용할 때보다 실내가 더욱 어두워야 한다. 그러면 청중과 눈을 마주칠 수가 없고, 청중 역시 강연자를 실제로 느낄 수 없다. 그는 '오프(off)' 상태로 이야기하는 셈이다.

앞서 얘기한 OHP 사용상의 주의 사항이 파워포인트에도 대부분 적용된다. 한 페이지에 글자가 너무 많으면 안 되고, 선명하고 읽기 좋은 크기로 써야 한다. 반드시 흥미롭고 분명하며, 잘 보이고, 이해하기 쉽고, 연설의 내용에 꼭 알맞은 글이나 도표, 그림들만 사용해야 한다.

나는 OHP사용의 원칙을(보기17 참조) 파워포인트에도 권하고 싶다.

이렇게 생각하라. 파워포인트는 어디까지나 OHP와 마찬가지로 보

다른 사람에게

불을 붙이려면

이미 당신 안에서

불이 타오르고

있어야 한다.

(아우구스티누스)

조 수단이다. 연설이 중심이지 글이나 그림이 중심은 아니다!

오버헤드프로젝터를 이따금씩 끄는 것처럼, 파워포인트를 사용할 때에는 그림들 사이에 아무것도 없는 빈 슬라이드를 끼워넣어 청중들과 관계를 맺을 수 있는 충분한 시간을 마련하라.

5. 상업 프리젠테이션

세일즈맨은 고객을 말로만 설득하는 게 아니라, 때로는 고객 설명회를 열고 프리젠테이션을 해야 한다. 많은 회사들이 고객을 위한 부서 회의와 심포지엄을 연다. 외부에서 전문 비평가를 초청해 오는 경우도 많다.

그러나 이들에게는 한 가지 문제가 있다. 특출한 전문가라고는 하지만, 과연 그들이 훌륭한 강연자인가? 대다수의 '전문가'들이 강연에서 있을 수 있는 모든 종류의 오류를 범한다. 그래서 비평의 내용은 흥미로울지언정 전체적으로 성공하지는 못한다.

그들에 대한 대우와 프리젠테이션 스타일을 미리 알아두는 것도 도움이 된다. 미리 알아두지 않으면 크게 망신을 당할 위험이 있다. 훌륭한 비평가는 몸값이 높고, 그만큼 자신의 가치를 잘 안다. 훌륭한 비평가는 모든 회의를 최상의 경험으로 만드는 능력이 있으므로 많은 사례금을 지불할 가치가 있다.

정보는 평가 및 프리젠테이션을 통해 고객들에게 더욱 간결하고 분명하게 전달된다. 거래처 측에 프리젠테이션을 할 만한 적당한 장소가 없으면, 그냥 레스토랑이나 호텔 방 하나를 빌려라. 그러면 점심 식사를 겸한 프리젠테이션을 할 수 있다. 방 크기가 적당한지, 또는 참석자 수에 맞추어 의자가 제대로 구비되고 정돈되어 있는지 신경 써야 한다. 오버헤드프로젝터와 스크린을 사용하고, 경우에 따라서는 차트도 사용하라. 적어도 두 명 이상의 비평가와 함께 해라. 그러면 당신의 전문성이 더욱 보증된다. 보기19의 '프리젠테이션을 위한 팁'을 고려하라.

보기19 프리젠테이션을 위한 팁

직원들에게 정보를 전달하기 위한 프리젠테이션이 점점 상용화되고 있다. 이러한 정보 전달 형태는 현재의 흐름일 뿐 아니라 매우 합리적이다. 특히 상업 프리젠테이션은 매우 효과적이다.

프리젠테이션의 장점

· 한꺼번에 많은 사람들에게 정보를 전달할 수 있다.

· 상품이나 서비스를 소개하는 비용이 절약된다.

· 토론이나 회의보다 결정권자들을 빨리 설득할 수 있다.

· 상품이나 서비스를 더 인상 깊게 소개할 수 있다.

· 강력한 효과를 주는 시각적 보조 수단을 사용할 수 있다.

· 훌륭한 상업 프리젠테이션으로 경쟁사를 이길 수 있다.

프리젠테이션을 준비하려면 주도면밀해야 한다. 총연습을 하는 것이 가장 좋다. 당신의 프리젠테이션을 제대로 평가해줄 사람들에게 도움을 청하라.

주의 사항

1. 프리젠테이션은 최소 20분을 넘겨야 하고, 최대 50분 이내에 끝나야 한다. 시간이 더 많이 필요하면 중간에 쉬는 시간을 두어라.

2. 항상 비평가를 소개하라. 그의 출신과 교육, 경력에 대해 말하라. 그러면 그의 가치가 높아진다. 따라서 항상 진행자와 비평가, 최소한 두 명이 필요하다.

3. 프리젠테이션이 끝날 때마다 감사를 표하라. 비평가에게 인사를 하고 다음 비평가를 소개하라. 비평가가 없을 경우에는 토론으로 안내하라.

4. 청중에게 곧 있을 토론 시간에 질문해 달라고 요청하라. 프리젠테이션과 토론을 구분하라. 이 둘의 구분이 모호해지면 각각의 영향력이 사라지고 만다.

8 다면적인 트레이닝을 즐겨라

다양한 트레이닝을 통해서
무대의 주연이 되어라.

스스로 연설에 별로 재능이 없다고 생각하는 사람들이 있다. 대부분 연습을 너무 안 하기 때문에 그렇게 느끼는 것이다. 특히 지도자들은 연설과 강연, 라디오와 텔레비전 출연이 점점 더 많아지는데도 연습할 필요성을 인식하지 못한다. 화술 세미나에 한 번 참가하는 것으로는 충분치 않다.

매년 수많은 사람들이 그런 세미나에 참석한다. 세미나는 곳곳에서 자주 열리며, 참가자들은 전문가나 비평가에게서 화술을 배운다.

화술 전문가들은 근본적으로 다음과 같이 세 범주로 분류된다.

수도사

오랜 옛날부터 수도사들은 항상 수사학과 토론술을 공부하고 익혀왔다. 수도사 출신 전문가는 누구보다도 훌륭하고 세련되고 논리적인 논증법을 전수한다. 빈틈 없는 기지 또한 배울 수 있다.

배우

배우들은 표현 기술뿐 아니라 말과 호흡법, 억양과 보디랭귀지를 가르쳐준다.

사업가

성공적인 관리자와 사업가는 대단한 경험을 갖춘 사람들로 여겨진다. 그들에게서 자기 자신을 어떻게 홍보하는지 그리고 대중을 어떻게 사로잡는지 배울 수 있다.

세미나에 참가하는 것 외에도 특별한 훈련법이 있다. 여기서 제안하는 훈련법이 연설과 무관해 보여도 열심히 연습하기 바란다. 그것도 가능한 한 자주 해야 한다. 꾸준히 연습하다 보면 당신의 경력에 긍정적인 결과를 낳을 것이다.

다음에 소개할 연습들은 너무 지루하지도 않고 비교적 재미있다. 열심히 연습하면 기회가 왔을 때 반드시 효과를 볼 것이다. 이제 몇 가지만 골라 제안하겠다.

1. 차 안에서 노래를 불러라

어쩌면 아주 괴상하게 보일지도 모르지만, 일단 한번 해보라! 차 안에서 제일 좋아하는 노래를 틀어놓고, 흥얼거리며 따라해라. 그 다

음엔 점점 더 크게 불러라. 숨을 크게 들이쉬고 목청껏 따라 불러라. 노랫소리가 듣기에 별로 좋지 않아도 창피해할 필요는 없다. 아무도 듣지 않는다! 규칙적으로 차 안에서 노래를 부르면 호흡기관의 근육이 풀려서 목소리가 또렷해진다. 그러면 다음에 연설할 때 호흡과 목소리가 아주 매끄러워진다. 또 노래를 부르면 기분이 좋아지므로 모든 일에 매우 적극적으로 임하게 된다.

2. 집에서 1분짜리 연설을 하라

저녁식사 후에 가족들 앞에서 짤막한 1분짜리 연설을 해보라. 어떤 주제든 무엇에 대한 애기든 전혀 상관없다. 단, 설명이 아니라 설득하는 말하기여야 한다. 원래 가족들과 애기하려던 것이 아니어도 괜찮다. 그 주제에 대해 준비를 하고, 자리에서 일어나 짧은 연설을 하라. 제발 미리 원고를 준비하지 말고 즉흥적으로 하라!

1분 연설은 당신이 라디오나 텔레비전에 출연할 때 정말로 큰 도움이 된다. 당신은 1분 연설로 방송 출연에 대비할 수 있다. 가족들에게 문제 제기와 질문을 해도 좋다고 미리 말해 두어라. 그리고 연설이

끝난 다음 가족들과 함께 당신의 연설에 대해 토론하라. 연설이 어땠는지 물어보라.

- 무엇을 이해했고 무엇을 이해하지 못했는가?
- 어떤 점이 좋았고 어떤 점이 좋지 않았는가?
- 부족한 점은 무엇인가?

가족들에게 마음대로 질문할 수 있는 시간을 주어라. 당신은 이 시간을 통해 기지를 연습하게 될 것이다.

3. 가족들 앞에서 소리 내어 글을 읽어라

예전에는 긴긴 겨울밤에 많이들 이렇게 했다. 오늘날에는 성탄절이나 되어야 아버지가 크리스마스 이야기를 해주는 정도인데, 그나마도 이제는 구식이 되어버렸다. 정말 애석하다. 낭독에는 좋은 점이 아주 많기 때문이다. 가족들에게 시사 문제 같은 것, 예를 들어 신문에서 읽은 것 중 재미있었던 기사를 읽어주어라. 오랫동안 읽어줄 필

요는 없다. 성의를 갖고 가능한 한 실수 없이 분명한 발음으로 억양
에 변화를 주어가며 읽어라. 이렇게 하면 당신의 언어 능력이 몰라보
게 향상된다.

4. 훌륭한 강연에 귀를 기울여라

텔레비전에서 방영하는 강연과 토론 프로그램을 선별해서 꾸준히
시청하라. 흥미롭게 본 프로그램은 녹화해 두면 좋다. 그리고 녹화한
테이프를 여러 차례 반복해서 보아라. 라디오에 나오는 훌륭한 강연
을 녹음해도 좋고 유익한 강연이 녹음된 테이프를 사도 좋다. 이런
테이프들은 차 안에서 듣기에 안성맞춤이다. 운전하다가 차가 막히
더라도, 그 시간을 의미 있게 이용할 수 있다.

5. 중요한 연설에 앞서 총연습을 하라

중요한 연설이 있을 때에는 반드시 총연습을 해야 한다. 그래야만 내용이나 구성, 표현 방법, 연설 태도 등에 나타난 단점을 바로잡을 수 있다. 청중이 되어줄 사람들을 몇 명 모아라. 전문가들이어야 할 필요는 없다. 어떤 점이 부족하고 이해가 안 되며 잘못되었는지 비전문가들이 더 잘 짚어낸다. 또한 개선해야 할 부분에 대해서도 여러 가지 좋은 조언을 해준다.

일단 연설을 하고 난 후, 청중에게서 피드백을 받아라. 의견과 비평을 가리지 말고 받아들여라. 자신을 방어하려고 하지 말아라. 당신 개인에 대한 모든 평가를 진지하게 받아들여라. 총연습은 객관적인 평가를 받을 수 있는 아주 귀한 시간이다. 조언을 감사히 여기고 다 기록해 두어라. 연설 내용 중 무엇을 빼버려도 좋을지, 무엇이 전혀 흥미롭지 않았는지 솔직하게 물어보아라. 어쩌면 좀 창피하게 느껴질 수도 있다. 그래도 꼭 물어보아라. 청중에게서 아주 가치 있는 충고를 얻게 될 것이다. 당신이 아주 중요하다고 생각한 것이 청중에게는 아무것도 아닌 경우도 많다.

당신은 이미 총연습 때 최선을 다해 모든 것을 보여주었기 때문에, 결전의 날에 연단에 오르는 것이 크게 두렵지 않을 것이다. 오히려

당신은 무의식적으로 큰 확신을 갖게 된다. 총연습을 비디오로 찍어 모니터하는 것은 별로 권하고 싶지 않다. 시간이 너무 많이 걸리기도 하지만, 녹화한 내용을 전문적으로 분석할 사람이 필요하기 때문이다. 정 비디오 녹화를 하고 싶다면 ― 아마도 아주 중요한 출연을 앞둔 경우 ― 차라리 전문가에게 개인교습을 받으라고 권하고 싶다. 물론 비용이 많이 들겠지만, 그만한 가치는 있을 것이다. 총연습에 대한 피드백을 받는 한 방법으로, 청중에게 평가표(보기20 참조)를 나누어줄 수도 있다. 청중은 제시된 문항에 답을 하면서 좀더 쉽게 평가에 응하게 된다. 이 표를 잘 활용하길 바란다.

6. 무대공포증을 예방하는 호흡법을 배워라

나는 배우이자 감독인 어떤 여성에게서 이 호흡법을 배웠다. 배우는 아무리 무대공포증이 심하더라도 스스로 조절할 줄 알아야 한다. 절대로 말문이 막히거나 멍하니 있는 일이 없어야 한다.

나는 연설하러 나가기 전에 항상 그녀에게 배운 이 호흡법을 연습한다. 연습은 철저하고 신중하게 해야 한다. 보통 때 나는 청중 앞에

보기20 평가표

연사의 개성		
◆ **분위기**	□호의적임	□활기참
	□열성적임	
◆ **시작**	□힘참	□강함
◆ **인상**	□친근함	□개방적임
◆ **시선 교환**	□강렬함	□충분함
◆ **침묵**	□충분히 잦음	□충분함
◆ **자세**	□침착함	□올바름
◆ **몸짓**	□자연스러움	□알맞음
◆ **자기 신뢰**	□매력 있음	□힘 있음

내용		
◆ **내용**	□흥미로움	□목표집단에 알맞음
◆ **구성**	□논리적임	□짜임새 있음
◆ **논거**	□설득적임	□청중에게 맞춰짐
◆ **부름말 시작**	□칭찬의 말	
◆ **화술적 요소**	□수사적 질문	□예시
	□'나' 표현	□결정적인 말, 개그
◆ **정리**	□호소력 있는 맺음말	□개인적인 고백

나서기 전에 객석 맨 앞줄에 앉는다. 거기에 앉으면 아무런 방해도 받지 않을 수 있다.

자, 이제 호흡법을 배워보자. 우선 코를 통해 숨을 깊이 들이마신다. 폐에 공기가 가득 찰 때까지 계속 들이마셔라. 이때 반드시 코를 이용해야 한다. 코로 숨을 쉬면 횡격막의 긴장이 풀어지기 때문이다. 무대공포증이 있으면 횡격막이 팽팽하게 긴장되어 숨이 짧아지고, 뇌에 산소가 제대로 공급되지 않는다. 그렇게 되면 의식이 혼미해질 수도 있다. 과거에 여성들이 자주 혼절했던 이유도 코르셋 착용으로 횡격막이 항상 긴장되어 있었기 때문이다. 그러므로 코로 깊게 숨을 들이쉬어 가능한 한 폐를 크게 부풀려라. 그리고 나서 입으로 '툭 쏜 아내듯' 숨을 내쉬어라. 이제 호흡이 자연스러워질 때까지 기다려라. 평상시처럼 자연스럽게 숨이 쉬어질 때까지 기다려라. 당신도 잘 알겠지만, 숨은 '저절로' 쉬어지는 것이다. 그렇지 않다면 우리는 자는 동안 죽었을지도 모른다!

이런 식으로 서너 번 호흡을 하고 나면 어느새 마음이 평정을 되찾게 된다. 이제 당신은 침착하고 대담해지며, 지금까지 경험하지 못한 에너지가 넘쳐흐르는 것을 느낄 수 있다.

이 호흡법을 통해 당신은 침착성과 자신감을 되찾게 된다. 청중에 대한 두려움은 남아 있지만, 견딜 만한 약간의 떨림일 뿐이다.

9 평상시에도 자연스러운 화술을 구사하라

화술은 일상의 90퍼센트를 차지한다.
당신은 어떤 상황에서도 자연스러운
화술을 구사해야 한다.

1. 주변 환경의 변화

청중들의 주변 환경은 예전과 많이 달라졌다. 무엇보다도 텔레비전의 상용화는 사람들의 생활을 완전히 바꾸어놓았다. 요즘 3,40대는 본격적으로 텔레비전과 함께 자란 세대라 할 수 있다.

그들은 매우 참을성이 없는 데다 점점 더 짧고 바쁘게 돌아가는 뉴스 보도와 여러 볼거리에 익숙하다. 당신은 연설 초반 20초 내에 핵심 내용을 말해야 한다. 이제 당신도 시청자가 당장 텔레비전을 꺼버릴까봐 불안해하는 방송사와 같은 입장이 된 것이다(점점 더 그렇게 바뀌고 있다!).

미국 텔레비전 방송사들은 극심한 경쟁을 하고 있다. 미국 방송사들의 뉴스 보도에 사용되는 언어 수준이 지난 5년간 40세에서 11세로 뚝 떨어졌다는 것은 잘 알려진 사실이다. 그래야 아무도 텔레비전을 꺼버리지 않기 때문이다.

이제 우리도 변해야 한다. 어떤 연사가 연설을 하는데, 청중 중에 특히 젊은 사람들 — 예를 들어 텔레비전 앞에서 — 도 보고 있다고 해보자. 그는 되도록 젊은 사람들의 언어를 구사해야만 한다. 그는 더 직접적이고 짧고 자극적인 표현을 해야 한다. 그가 비록 믿음직하고 매우 지적인 견해를 주장한다 해도, 대중이 기대하는 형식으로 말하

지 못하면 아무런 소용이 없다. 길고 상세한 표현은 장황하게만 들려서 거부감을 준다.

더더욱 절대적인 것은 눈에 보이는 그 사람의 개인적인 열성이다. 얼굴 표정 하나하나에 완전한 자기 일치와 내적인 감동이 나타나야 한다. 연설을 할 때 사람들에게 거리감을 주는 침착성과 우월성을 내보이는 사람들이 많다. 이런 태도는 젊고 비판적인 시청자들과 청중을 극도로 화나게 만든다. 젊은 세대에게 그런 태도는 자신들을 완전히 무시하는 것으로 비쳐진다.

반드시 내면에서 우러나오는 충만한 열정이 필요하다. 연사는 자신의 아드레날린 수치를 높여 청중에게 강력한 감정적 효과를 불러일으켜야 한다. 사람들은 땀을 뻘뻘 흘리며 열변하고 흥분으로 거의 숨이 넘어갈 듯한 연사를 보고 싶어한다. 이것은 무대공포가 없이는 절대 불가능하다.

> 형식이 내용보다 더 중요하다. 내용은 간단하고 쉽게 이해될 수 있어야 한다. 당신은 시대의 흐름 '안'에 있어야 한다. 침착성과 우월성은 역작용을 할 뿐이다. 필요한 것은 필사적이고, 스트레스를 인정하는 태도이다.

2. 텔레비전을 통한 학습

우리는 텔레비전을 보며 무엇을 배울 수 있는가? 눈치 빠른 사람이라면 먼저 프로그램 사회자들을 찬찬히 살필 것이다. 그들은 약간 딱딱하지만 공식적으로는 제법 그럴듯하게 말한다. 대다수의 설문조사 결과에 따르면, 시청자들은 교육 수준이 낮을수록 사회자의 말을 공식적인 사실로 믿어버린다.

그런 공식적인 텍스트를 당신의 연설에 조금이라도 집어넣어라. 청중은 무의식적으로 텔레비전에서 본 사회자들과 당신을 비교한다.

이때 당신이 하는 말이 그 사회자들이 한 말과 비슷할수록, 당신은 신뢰를 얻게 된다. 사람들은 정치계나 경제계, 또는 문화계의 비평가들에게도 그러한 모습을 기대한다. 그들은 다음과 같은 두 가지 방법으로 자신을 표현한다.

1. 분명하고 개성 있는 말
2. 세련된 언어

아주 간명하게 말하도록 계획하라. 당신의 임무가 어려울수록 특히 그렇다. 스스로 적확한 표현을 생각해 내기 어려우면 다른 이에게 도움을 청하라. 전문가들의 도움을 받아 분명한 표현들을 찾아내어 연설에 사용하라. 세련되게 말하는 것은 정말 어렵다. 하지만 불가능한 것은 아니다.

오늘날 사람들은 단지 '진실을 말하는 것(또는 이해할 수 있는 말)'만으로는 만족하지 않는다. 진실이란 대개 그다지 세련되지 못하다. 진실의 정확한 정의 또한 찾기 힘들다. 게다가 오늘날의 진실이란 당장 내일이 되면 반쪽짜리 진실이나 거짓이 되어버리기 십상이다.

세련미를 갖추려면 흥미로운 도입과 훌륭한 구성, 절정으로의 유도와 또 한번의 상승, 주장에 대한 문제 제기 그리고 가능하면 예상

밖의 결말이 필요하다. 세련된 연설의 결말에는 '울림'이 있어야 한다! 세련된 연설을 준비하기 위해서는 보통 연설을 준비하는 데에 드는 시간보다 더 많은 시간이 든다. 준비 시간은 보통 연설 시간의 20배에 달한다. 미국 대통령들은 매일매일 해야 하는 연설을 위해 수십 명의 인원을 투입해 연설문을 쓰게 한다. 대통령이 멋지게 해내는 연설은 똑똑한 사람들이 옳은 내용과 옳은 형식을 찾기 위해 수백 시간의 공을 들인 결과이다.

3. 회사 구성원들의 변화

경영리더들은 직원들 앞에서 연설할 때가 많기 때문에 이에 대한 실질적인 조언을 기대한다. 그 점에 대해 앞에서 이미 많은 조언을 했지만, 또 하나 꼭 강조하고 싶은 게 있다.

요즘 경영리더들은 중요한 변화 한 가지를 깨닫지 못하고 있다. 경영리더들은 이제 정규직 직원들뿐 아니라 시간제 직원과 직업 중개소에서 알선해 준 파견직 직원들 앞에서도 연설을 해야 한다. 그러나 시간제 직원들의 충성도는 오랜 세월을 같이 일해 온 정규직 직원들

* 독일어권에서 널리 쓰이는 표준 독일어 사전

의 충성도와 결코 같을 수 없다. 이 '아르바이트' 직원들은 무엇을 알고 싶어하는가? 그들에게는 곧 다가올 휴가 외에는 장기적 전망이 없다. 그들은 즉각적인 지시와 즉각적인 설명을 필요로 한다. 회사의 목표에 대한 장황한 설명은 그들에게 아무런 자극이 되지 못한다. 앞으로 연설할 때에는 한시적으로 일하는 사람들의 요구도 고려하라. 항상 전체 직원들을 잘 배려해서 말하라.

물론 직원들에게 모든 것을 오픈할 수는 없다. 경영진의 계획을 깡그리 노출할 수는 없는 법이다. 그럼에도 당신에게는 어떤 사실에 대한 분명한 관점을 전달해야 할 의무가 있다. 스위스 군대에는 명확한 지도 규칙이 있다. "알아야 할 것만 전한다." 다른 말로 하면, "전부보다는 필요한 만큼 적당히!"가 된다.

다들 아는 것처럼 훌륭한 연사가 되기란 정말 어렵다. 특히 회사의 운명에 어떤 변화나 어려움이 닥쳤을 경우에는 더욱 그러하다. 예를 들어 해고를 해야 하거나 회사의 일부를 매각해야 하는 경우, 연단에서는 일은 더욱 어려워진다. 이럴 때 범하기 쉬운 큰 잘못은 문제를 사소하게 여기고 관련된 사람들을 위로하려 드는 것이다. 그렇게 행동했다가는 바로 대중의 분노를 사게 된다. 다음과 같은 말로 연설을 시작하라.

"사랑하는 직원 여러분, 여러분의 심정이 어떨지 압니다. 불안하고

걱정스러우시겠지요. 저 역시 그러합니다. 하지만 우리는 합리적이고 올바른 선택을 해야만 합니다. 회사의 과제는……."

연설의 시작만큼 맺음말도 중요하다.

"직원 여러분, 아시다시피 우리는 회사와 일자리를 구하기 위해 할 수 있는 데까지 모든 노력을 다 했습니다. 이제 우리 모두가 최선을 다하는 것만이 남았습니다. 감사합니다."

여기서 "감사합니다"라는 말은 연설이 끝났음을 알리는 것 외에도 단어의 뜻 그대로를 의미한다.

4. 언론과의 관계

사람들이 경영리더들에게 자문을 구하는 일은 갈수록 늘고 있다. 신문에서 항상 얼굴을 볼 수 있는 최고경영자들에게만 해당되는 애기가 아니다. 자기표현에 관한 한, 진정한 전문가들이 있다. 그들은 매체를 가리지 않고 출연해서 종종 그들의 진짜 직업과는 아무런 관련도 없는 것들에 대해 자기의 의견을 말한다.

· X씨는 요즘 수염을 기른다!

· Y부인은 여가 시간에 무엇을 하는가?

· 부장님은 매일 어떤 운동을 하는가?

· Z총무는 요리할 때 어떻게 하는가?

　미디어를 너무 좋아해서 거의 병적인 정도라고 느껴지는 고위 경영자들과 실업가들도 있다. 사람들은 그들의 얼굴을 더 이상 보고 싶어하지 않는다. 매일매일 다 그 얼굴이 그 얼굴들이다. 도대체 왜 그럴까?

　사람들이 언론인들에게 어떤 질문을 던지면 항상 똑같은 출연자가 나와 똑같은 대답을 한다. 그러면 어느새 그들의 인기가 높아진다. 언론인들은 통상 저명한 경영인에게 전화를 걸어 시사적인 문제를 하나 묻는다. "주5일제 근무에 대해 어떻게 생각하십니까?" 전화를 받은 사람이 자신의 의견을 말하면 다음 날 신문에 그 기사가 난다. 출장 때문에 자리를 비웠던 사람은 재수가 없는 경우이다. 대답할 때 고상한 체하며 무슨 말을 할지 오랫동안 생각하는 사람은 곧 외면당한다. 인기 있는 사람들은 즉각적으로 간단하고 분명하며 최대한 독창적으로 말한다. 그의 말이 옳으냐 그르냐는 부차적이다. 언론에 나서고 싶다면 다음과 같이 해야 한다.

· 되도록 항상 연락이 닿을 수 있게 준비되어 있을 것

· 어떤 주제나 문제에 대해서도 가능한 한 짧고 명료하게 대답할 것

· 나만의 독창적인 스타일을 개발할 것

자신에게 어울리는 이미지를 개발하라. 항상 비판적인 사람이나 검소한 사람, 또는 예견하는 사람도 괜찮다. 특히 고발자나 비난자의 이미지를 개발한다면, 당신은 곧 큰 인기를 끌게 될 것이다.

5. 불리한 상황에 대처하는 법

큰 화재가 발생했거나 폭발이 일어났다고 가정해 보자. 또는 사고로 인해 환경이 오염되었거나 어떤 사람이 다쳤거나 아예 죽었다고 해보자. 여기에 당신의 회사가 관련되어 있다. 당신은 스포트라이트를 독차지한다. 사람들은 당신에게 질문을 퍼붓고, 인터뷰를 하려고 든다. 텔레비전 프로그램의 출연 제의가 쏟아진다. 사람들은 인터뷰를 녹화하거나 녹음해 가려고 직접 당신을 찾아올 것이다. 이럴 때 당신은 어떤 공개석상에 자신을 드러내기 전에 제대로 준비를 해두

어야 한다. 당신은 다음과 같은 질문에 친근감 있고 설득력 있게 대답할 수 있어야 한다.

- 누가 그렇게 했는가?
- 언제 했는가?
- 어디서 했는가?
- 무엇을 했는가?
- 어떻게 했는가?
- 왜 했는가?

  질문을 회피한다면, 사람들은 당신을 정말 형편없는 사람으로 여길 것이다. 이제 당신은 사건과 관련된 어떤 질문에 대해서건 예상하고 있어야 한다.

- 왜 예방책을 마련해 놓지 않았는가?
- 당신의 회사는 그러한 위험을 모르고 있었는가?
- 결과적으로 당신 회사에 미치는 영향은 무엇인가?
- 얼마나 많은 일자리가 위태로운가?
- 지역에 끼치는 영향은 무엇인가?

· 환경에 대한 영향은 얼마나 지속될 것인가?

6. 나쁜 언론인들

어떤 분야든 유별나게 교활한 사람들이 있는데, 언론계도 마찬가지이다. 비방은 그야말로 직업상의 압권이다.

밀고자들은 많다. 경쟁사 직원이 언론인에게 직접 혹은 더 교묘하게 제3자를 통해 정보를 흘리는 경우가 있다. 비밀이 새는 구멍은 어디에나 있다. 기업 컨설턴트가 사회적으로 인정받고 싶은 욕심에 자신이 마치 구세주인 양 고객사에 대한 비밀을 지껄인다. 회사와 관계가 원만하지 않았던 직원이 고용주에 대한 갖가지 부정적인 정보를 캐내 제공하는 경우도 있다. 또 경쟁사가 당신 회사의 실수를 고의로 폭로하기도 한다.

진지한 언론인은 이러한 정보에 귀를 기울이면서도 정보 제공자의 의도를 검증하고 조사한다. 그리고 나서야 기사를 쓸지 말지 결정한다. 그러나 이러한 제보들은 대부분 사실일 때가 많다. 그리고 어쨌든 일단 기사가 나간 뒤에는 어떤 정정기사나 공식적인 발표도 아무 소용이 없다. 일단 수치스러운 소문이 널리 퍼지고 나면 사태는 돌이 키기 힘들다. 절차는 오래 걸리고 그 대가는 적다.

오늘날 언론인들이 사회적으로 심한 압박 속에서 살아간다는 것을 잊지 말아라. 그들은 신문사를 비롯한 언론사의 직원이다. 그리고 언론사들 역시 보통 회사와 마찬가지로 경쟁에서 이겨야 하는 입장에 있다. 일간지와 주말 신문, 잡지, 라디오, 텔레비전은 비정하고 격렬한 경쟁의 현장에 있다. 언론인들은 자극적이고 센세이셔널한 스토리를 필요로 한다. 그러므로 윤리적인 것보다는 감정을 자극하거나 흥미를 끌 만한 것들, 특히 부정적인 고발에 더 솔깃하기 마련이다. 이와 같이 언론인들은 소비자들을 끌어들일 수 있는 흥미롭고 자극적인 이야기들에 신경을 곤두세우고 있다.

7. '나' 보호하기

언론에 자신을 드러내지 않는 것은 아무런 득이 되지 않는다. 사람들은 오히려 당신을 의심쩍게 생각할 것이다. "저 사람은 무엇을 숨기고 있는 거지?"

　만약 인터뷰 제의를 받게 되면, 녹음 테이프를 가져가도 되는지 반드시 물어보아라. 당신 스스로 인터뷰를 녹음하라. 카메라 앞에 서기 전에 원고나 대본을 보여달라고 요구하라. 준비가 철저할수록 그리고 집중하여 오랫동안 의사소통을 할수록, 그런 보조 도구는 덜 필요하다. 자부심을 가진 경영자라면 될 수 있는 한 그런 것을 포기해야 한다.

　어떤 경우에나 쓸 수 있는 중요한 핵심 표현들을 몇 가지 준비하

라. 이 표현들은 신중하게 작성되어야 하므로, 필요에 따라서는 전문가에게 의뢰하라. 질문을 받게 되면 짧게 답하고, 곧바로 미리 준비한 핵심 표현을 덧붙여라.

텔레비전 녹화보다는 가능하면 생방송이 더 낫다. 녹화를 하면 방송사 임의대로 내용이 달라질 수 있다. 긍정적인 것은 다 잘려나가고 부정적인 내용만 방송되는 경우도 많다. 또한 편집에 의해 모든 게 바뀌기도 한다.

텔레비전 토론에서는 말로 싸워야 한다. 가능한 한 오랫동안 말을 하라. 누구도 당신의 말을 자르지 못하게 하라. 사회자 역시 마찬가지이다. 누군가가 당신에 대해 부정적인 발언을 하면 즉각 큰 소리로 말을 가로채라. 시청자들이 지켜보고 있는 이 프로그램을 사수하라. 누군가 당신을 흥분시키려고 아무리 여러 차례 시도하더라도 절대로 동요하지 말라. 친절함을 유지해라. 라디오와 텔레비전 인터뷰에서는 누가 주도권을 잡느냐가 결정적이다. 당신이 강연자 그리고 비평가로서 경험한 모든 것들이 지금 이 순간에 도움이 된다. 따라서 승리란 자신의 개성을 통해 성취되고, 훌륭한 논쟁을 통해 완성된다.

8. 언론과 좋은 관계 유지하기

이것은 거래와 마찬가지이다. 고객과의 좋은 관계가 매출로 이어지는 것처럼 언론인들과의 좋은 관계는 어떤 경우에서든지 도움이 된다. 언론인들을 당신의 적으로 여기지 말고, 파트너로 생각하라. 공공연하게 언론인들을 비난하지 않도록 주의하라! 그렇지 않으면 쓴맛을 보게 될 것이다.

때때로 중요한 언론인들을 점심식사에 초대하라. 그들은 항상 흥미로운 이야깃거리와 많은 정보를 가지고 있다. 어떤 일이 발생하면 그들 덕에 모든 사람들이 그 사실을 즉각 알게 된다. 이는 헤아릴 수 없이 큰 장점이다. 따라서 언론인들은 사람들이 자신을 어느 정도 귀하게 대우해 주기를 기대하게 된다. 그렇다고 언론인을 상전으로 모셔서는 안 된다. 반드시 대등한 파트너로 생각해야 한다. 언론인들은 대부분 괜찮은 이야깃거리를 건지기 위해서라면 무슨 일이든 할 수 있는 독립적인 사람들이다. 그래서 때때로 자신의 신변까지도 위험에 처하게 된다.

특화된 경제 전문 언론보다 지방 언론이나 일간 언론들과 일하는 게 훨씬 낫다. 오늘날 그런 언론사들의 편집부에는 늘 사람이 부족하다. 그들은 항상 시간이 부족하기 때문에 급변하는 정보의 흐름 속에서 모든 것을 상세하게 조사하지 못한다. 그래서 당신이 영향을 미칠 수 있는 부분이 많다.

언론인들을 대할 때에는 인내심을 가져라. 그들이 말하는 것은 하나도 믿지 말아라. 기자가 당신에게 기사를 잘 써주겠다고 약속했는데 신문에 아무것도 실리지 않았다고 실망하지 말아라! 기자 혼자서 결정하지 않는다는 것을 알아야 한다. 어떤 속보가 들어와서 지면이 부족하다는 이유로 기사를 자르는 경우가 많다. 언제나 그렇듯 그 기사는 그냥 죽는 것이다. 당신에 대한 기사가 실리지 못했다거나 기사가 짧아졌다 해도 절대 담당 기자를 질책하지 말아라. 그 기자의 잘못이 아니다. 대부분 데스크 재량으로 지면이 채워지기 때문이다. 귀중한 고객을 대하듯 기자들을 대하라. 오랜 세월에 걸쳐 언론과 돈독한 관계를 쌓아두면 시기가 좋지 않을 때에 대비할 수도 있고 성공에도 도움이 된다!

9. 자연스러운 화술의 미래

훌륭한 연사가 될 용기를 가져라. 무엇보다도 자기 자신으로서 설

수 있는 용기를 가져라. 당신은 반드시 당신 자신이어야 한다. 자연스러운 태도가 필수조건이다.

당신이 출연한 텔레비전이나 라디오 방송을 보고 들은 사람들이 "평소처럼 아주 자연스러웠어요!"라고 말한다면 당신은 최상의 효과를 거둔 것이다. 결코 다른 사람을 따라서는 안 된다. 당신은 자기 자신에게 충실해야 한다.

훌륭한 연사는 항상 온전한 자기 자신이어야 한다. 그는 자기 자신에게 충실하다. 그는 자신의 감정을 따른다. 그는 이 감정을 표현하며 말할 줄 안다. 연단에 올라서서든, 라디오 스튜디오의 마이크 앞에서든, 또는 텔레비전 카메라 앞에서든 그는 진실하다.

물론 내용도 중요하다. 훌륭한 연사는 보통 사람들과 다르게 말한다. 그에게는 항상 자신만의 고유한 의견이 있다. 그의 견해가 확실히 옳은 것이 아닐 때에도 마찬가지이다. 그 편이 오히려 낫다. 고유한 의견은 당신의 독창성을 촉진시킨다.

누가 자신의 고유한 의견을 내놓는가? 누가 자신의 감정에 따르는가? 누가 자신의 고유한 감정을 표현하고 그것을 말로 이야기하는가? 현대 사회에서는 훌륭한 연사들을 자세히 관찰할 기회가 많이 있으므로 훌륭한 연사가 될 수 있는 가능성도 크다. 우리에게는 풍부하고 지적인 정보를 제공하고 올바른 방향을 제시해 줄 훌륭한 연사가 필요하다.

▌훌륭하고 자연스러운 화술을 위하여!

훌륭한 연사란 청중에게 정보만 전달하거나 연설문을 읽어 내려가는 사람이 아니라 청중과 함께 소통하는 사람이다. 정보를 전달하는 것과 서로 소통하는 것의 차이는 무엇인가?

정보란 어떤 상황이 단순화되고 정돈된 상태이다. 사람들은 그 정보를 듣거나 듣지 않을 수 있다. 연사 또한 청중이 듣든지 안 듣든지 전혀 상관없다(그는 단지 자신의 임무를 이행할 뿐이다. 그저 준비해 간 원고를 줄줄 읽어 내려간다. 그리고 모든 것이 끝나면, 그는 기뻐한다. 청중들 역시 그러할 것이다! 그런 연설에서 무엇이 남겠는가?). 유감스럽게도 많은 연설과 프리젠테이션, 강연들이 단순 정보 전달의 범주에 속한다. 그 결과 모두가 지루함에 괴로워하며, 청중들은 아무 소득도 없이 돌아간다. 비용이 아까울 뿐이다!

반면에 내가 생각하는 소통이란 결합을 의미한다. 의사소통 통로의 제1원칙인 결합은 무엇을 의미하는가. 의사소통을 위해 많은 통로들이 서로 연결되어 있지만, 그 통로들은 모두 차원이 다르다. 어떤 것은 길고 지름이 넓은 통로이고 다른 것들은 짧고 좁다. 이제 물을

흘려 보내기 시작한다(연사가 연설을 시작한다).

통로들은 점점 물로 가득 차기 시작한다(청중들도 연설을 들으며 머릿속을 채운다). 그러나 수위는 항상 같다. 통로들이 만나면서 수위는 천천히 올라가지만 항상 같은 높이가 유지된다. 수위가 똑같으려면 어떤 통로는 물이 더 필요하고, 어떤 통로는 덜 필요하다(어떤 청중은 설득되기 위해 호소를 더 많이 들어야 하고 어떤 청중은 덜 들어도 된다). 마지막에는 모든 통로가 똑같이 가득 찬다. 결합이라는 것은 연설이 끝날 때쯤 참석자들 사이에 진실한 의사소통이 이루어진 상태를 의미한다. 연사는 청중을 자기 자신과 결합시키지 않는다. 그는 청중 한 사람 한 사람을 결합하게 만든다.

▌ 자연스러운 화술의 미래는 사람들을 서로 결합시키는 것이다.

10 자연스러운 화술로
토론에서 승리하라

토론에는 왕도가 없다.
자연스럽게 말하고 확실하게 설득하라.

앞서 연설과 강연에 대해 서술한 내용 중 많은 것들이 토론에도 유효하다. 강연과 토론의 커다란 차이는 강연이 일방적인 말하기인데 반해 토론은 언어적인 동시에 비언어적인 대화라는 데 있다. 즉 모두가 말하고, 모두가 듣는다. 하지만 바로 여기에서 문제가 비롯된다. 모든 사람들이 동시에 말하면서 아무도 들으려 하지 않는다면 어떻게 될 것인가?

유감스럽게도 토론은 말싸움으로 끝나는 경우가 많다. 모두가 가능한 한 오래 말하려 하고, 직설적으로 말을 자르고 들어가며, 상대가 자신의 말을 가로채지 못하게 하려 한다. 이러한 상황에서는 당연히 좋은 결과가 나올 수 없다.

토론에서는 참여자들 사이에 어떤 확실한 원칙이 세워져 있어야 한다. 이 원칙이 지켜지도록 주의하라. 그러기 위해서는 통제할 사람이 있어야 한다. 그렇지 않으면 토론이 통제불능의 말잔치로 끝나버릴 수 있다.

토론을 할 때에는 자연스럽게 말하면서 무리 없이 주도권을 잡아야 한다. 토론 참가자들에 원칙을 상기시키고, 적절한 발언 기회를 허용하여 발언권을 조율하라! 당신이 토론의 사회자나 지도자가 아니어도 상관없다. 이러한 관여는 모든 참석자들에게 이익이 되므로 반드시 환영받을 것이다.

> 우리가 두려움에 떠밀려 토론하지 않게 하시고, 또한 토론하는
> 것을 두려워하지 않게 하소서. - 프란츠 카프카

격식을 차린 토론과 실용적이고 비격식인 토론을 구별하라. 의장
이 토론을 개시하고 매듭짓도록 맡겨두어라. 하지만 토론이 진행되
는 동안에는 필요하다고 생각되면 언제든지 토론에 관여하라.

1. 유리한 전제조건을 조성하라

처음부터 토론을 주도하도록 노력하라. 그러면 당신은 유리한 결말
을 얻을 수 있다. 시작 단계에서 주도권의 토대를 쌓아놓아라.

토론 참석자들을 서면으로 초청하고, 도입부에서 미리 협의점을
제시하라. 당신의 협의점을 준비하고, 토론 상대들에게도 협의점을
미리 준비하도록 요청하라. 미숙한 토론자는 토론 상대에게 가능한
정보를 적게 줄수록 자신이 유리하다고 착각한다. 그들은 '뜻밖의 효
과'를 기대한다. 그러나 일반적으로 그러한 행동은 토론을 성공적으
로 이끄는 데 아무런 도움이 되지 않는다. 토론 상대는 당신이 자신

을 속이고 무시하고 기습했다고 느낀다.

준비과정에서 공통의 토론 기반을 마련하기 위해 어떤 정보와 자료를 공유할 것인지 심사숙고하라. 토론 참석자들에게 자료를 일찍 나누어주어서 충분한 시간을 가지고 검토할 수 있도록 하라. 최소한 주말을 이용할 수 있도록 하라. 많은 경영자들이 서류검토를 위해 주말 시간을 이용한다.

시간과 장소를 정하고, 가능하다면 토론에 소요되는 시간까지 확실하게 정하라. 참석자들이 몇 시간 내에 어떤 결론이 나와야 하는지 알고 있으면 토론이 내실있게 진행된다.

애초에 방해 요소들을 예상하여 차단하라. 토론장에서는 전화를 걸지도 받지도 못하게 하라. 모든 참석자들에게 휴대전화를 꺼달라고 양해를 구하라.

토론 중간에 휴식시간을 마련해 두어라. 쉬는 시간에는 되도록 토론장 밖으로 나가라. 잘 하면 토론 상대와 비공식적인 토론을 할 기회가 생길 수도 있다. 경험에 의하면 그런 상황은 매우 유익한 결과를 낳는다.

많은 사람들이 동시에 참여하는 경우에는 당신도 어떤 역할과 기능, 책임을 나누어 맡아야 한다. 누가 어떤 목적으로 토론을 하는가? 누가 어떤 논거를 제시하는가? 토론의 범위가 어디까지인가? 이런 것들이 모두 토론 전에 확실하게 정해져 있어야 한다. 그렇지 않으면 모든 것이 뒤죽박죽 되어버릴 위험이 있다.

2. 토론 목표를 설정하라

사람들은 예정된 토론을 앞두고 어떤 태도나 방식을 취할지 심각하게 고민하게 된다. 따라서 다음과 같은 질문을 자주 한다.

· 어떻게 행동할 것인가?
· 어떻게 토론 과정을 형성해 갈 것인가?
· 무엇을 언제 말할 것인가?

이런 질문들도 중요하긴 하지만 부차적이다. 그보다 먼저 고려해야 할 것은 당신이 토론에서 '무엇을 얻고자 하는가' 이다.

> 지금 당장은 느린 듯 보여도 목표에서 잠시도 눈을 떼지 않는
> 자가 목표 없이 이리저리 헤매는 자보다 항상 더 빠르다.
> - G. E. 레싱(독일의 극작가, 비평가)

무엇이 어떻게보다 우선이다. 자기 자신에게 다음과 같은 질문을 먼저 하라.

· 나의 주요 목표는 무엇인가?

· 그 외에도 어떤 부차적인 목표를 추구해야 하는가?

· 목표를 성취하지 못한다면 어떤 대안적 목표를 세울 것인가?

· 목표를 성취하기 위해 어느 정도까지 양보할 수 있는가?

토론의 목표는 구체적이고 분명하며 현실적이어야 한다. 각각의 협의 사항마다 완전히 다른 목표를 세워야 한다. 목표들이 다양할수록 토론의 실제적인 비중과 협상 능력은 더욱 커진다. 당신은 서로 다른 목표들을 조율할 수 있다. 당신이 하나의 입장을 고수하더라도 다른 목표들을 유연하게 조율할 수 있으므로, 분위기가 너무 경직되는 일은 없을 것이다.

3. 대상 지향적인 논거를 수집하라

필요한 논거를 모두 준비하지 못했다면 절대로 토론에 임하지 말라. 토론 상대에게 이성적으로 호소하기 위해서는 논리적인 논거가 필요하다. 당신은 논리적인 논거를 통해 토론 목표를 이해시키고 상대방과 소통한다. 이때 당신은 토론 상대에게 어느 논거가 더 중요하고 덜 중요한지를 정확하게 파악시켜야 한다. 토론 상대가 당신의 이해와 요구사항과 문제 그리고 경우에 따라서는 무엇을 강력히 요구하는지 알게 해야 한다. 또한 토론을 준비할 때 '목표 집단'을 분석한다. 당신이 토론 상대에 대해 많이 알수록 설득하고 지지를 획득할 가능성이 커진다! 당신 입장뿐 아니라 상대 입장에서도 수긍할 수 있는 대상 지향적 논거가 필요하다.

> 우리는 모두 같은 하늘 아래에 살지만, 모두 같은 지평 위에 있는 것은 아니다. - 콘래드 아데나우어(독일 초대 수상)

당신의 제안이 상대방의 문제를 해결할 수 있는 비책이 되어야 한다. 상대에게 아무런 문제가 없다면 당신의 제안 역시 아무런 도움이 되지 않을 것이다. 따라서 당신의 제안은 항상 상대방의 이익과 직결

되어야 한다. 이익을 줄 수 없다면 그 제안은 무가치하다. 제안의 근거 역시 상대방이 수긍할 수 있는 것이어야 한다. 근거가 그럴듯하게 들리지 않으면 상대는 제안을 거부한다.

4. 상대의 이익을 강조하라

당신이 자신의 장점에 대해서만 얘기한다면 토론 상대는 아마 이렇게 말할 것이다.

"좋습니다, 좋아요. 하지만 그런 얘기는 필요없어요!" 그보다는 상대에게 이익이 되는 것을 제시하는 편이 낫다. 상대가 흥미를 갖도록 각각의 논점마다 "그것이 주는 이득은?"을 강조하라. 거기서 한 걸음 더 나아가 질문을 제시하라. "그것이 아니라면 어떻게 될 것인가?" 이러한 장점, 이러한 이익이 없다면 어떨 것인가? 어떠한 결과가 나올 것인가? 그렇다면 어떤 위험을 계산해야 하는가?

위대한 토론 기술이란 상대에게 위험성을 인지시키면서도 협상을 포기하지 않게 만드는 것이다. 동의하지 않는다면 어떤 결과가 나올 것인지 분명한 대안을 마련하라.

5. 항상 반대의견을 예상하고 그에 대비하라

토론에서는 대개 상대방이 이의를 제기하게 마련이다. 개인적인 영역일지라도 반대의견이 없는 토론성 대화란 있을 수 없다. 이의가 없다는 것은 더 이상 다른 의견도 없다는 얘기가 된다. 이것은 대개 아무도 토론 주제를 제대로 이해하지 못한 것이다. 반대의견은 자연스러운 것이다. 반대란 일반적으로 관심이 있다는 표시이다.

> 어떤 두 사람의 의견이 항상 같다면, 그중 한 사람은
> 불필요하다. - 윈스턴 처칠

상대의 반대에 제대로 맞서기 위해서는 확실한 논증이 필요하다. 상대가 당신의 주장 하나하나에 반대 근거를 대면 당신은 성공하지 못한다. 토론 준비란 상대가 어떤 반대 의견을 들고 나올 것이며, 당신은 그에 맞서 어떻게 논박할 것인가를 신중하게 고려하는 것이다.

6. 뛰어난 변증법은 피하라

대개 변증법이란 스스로 반론을 내세워 그것을 논파한 후 그로부터 결론을 끌어내는 논증 기술이라고 알고 있다. 따라서 변증론자는 상대방의 반론을 미리 제거할 수 있다.

변증론자는 설득술을 논쟁술로 이해한다. 이 기술은 반종교개혁 이전 시대에서 유래한 것으로 특히 예수회 수도사들이 이용하던 방법이다. 그들은 신앙을 저버린 자들을 끌어오기 위해 무슨 짓이든 했다. 심지어 이단 신앙을 버리지 않는 자들을 장작더미에 올려놓고 화형을 시키기까지 했다.

뛰어난 변증법은 토론 상대를 막다른 곳으로 밀어넣고 완전히 지치게 만들어버린다. 싸움에서 진 사람은 패자의 비분을 가슴에 품고 복수를 꾀한다. 토론의 결과가 그런 식이 된다면 무엇을 더 기대하겠는가. 오늘날의 토론에서 그러한 논쟁 기술은 더더욱 효과가 없다. 현대인들은 의식이 깨어 있고 세속적이며 자유롭고 스스로 생각할 줄 아는 사람들이다. 우리는 새롭고 비전통적인 생각들을 수용할 수 있어야 하며, 이를 그냥 무시해 버리면 안 된다. 반항이 용납되지 않던 독재시대는 이미 지나갔다. 강요는 더 이상 통하지 않는다. 토론 상대는 강압에 대해 저항으로 맞설 것이다. 뛰어난 변증법은 감정을 상하게 하고 거부감을 주므로 토론 기술로는 적합하지 않다.

> **사람들에게 어떤 진실을 전할 때는 젖은 수건처럼 머리에**
> **철썩 내던지지 말고 망토처럼 자연스럽게 걸쳐주어야 한다.**
> – 막스 프리쉬(독일 현대 문학을 대표하는 작가이자 극작가)

　　토론 상대는 적이 아니라 함께 협력 관계를 쌓아야 할, 혹은 이미 형성된 협력 관계를 공고히 다져야 할 사람이다. 그러기 위해서는 상대방에 대한 존중과 호의, 신뢰가 필요하다. 최상의 토론에는 승자도 패자도 없다. 양쪽 모두가 승리자이다.

7. 수용성과 개방성을 보여라

> **시간을 오래 들이는 것보다 집중하는 것이 더 중요하다.**
> – J. F. 헤르바르트(과학으로서의 교육학을 체계화한 교육학자)

　　토론 상대를 향한 당신의 열린 마음은 말투에서뿐 아니라 몸짓에서도 분명히 나타나야 한다. 똑바로 앉아서 팔을 벌리고 손을 자유롭게 움직여라. 토론을 시작할 때 손에 볼펜을 들지 말아라. 그것은 "모든 말을 하나하나 기록해 두었다가 만일의 경우 증거로 삼겠다!"라는 뜻도 된다(그 반대로 토론중 짧은 메모를 함으로써 상대의 말을 경청하고 있음을 나타내라).

특히 상대가 이야기하는 동안 계속 눈을 맞추고, 상대를 보며 눈을 깜박여라. 눈 맞춤은 두 사람 사이의 의사소통을 연결하는 다리이다. 당신이 쳐다보지 않으면 상대는 무의식적으로 자신의 말과 인격이 무시되거나 거부 또는 경시되고 있다고 느끼게 된다. 상대가 말할 때 가끔씩 고개를 끄덕여주어라(주의사항: 찬성하는 뜻으로가 아니라 격려하는 뜻으로 고개를 끄덕여라). 상체를 약간 앞으로 숙이고 호의적인 표정을 지어라. 이러한 몸짓 표현은 상대에 대한 당신의 관심과 존중을 나타낸다.

기본적으로 친절하고 환한 표정을 짓도록 노력하라. 다른 사람의 말을 듣거나 생각에 열중할 때에 너무 진지한 나머지 무뚝뚝한 표정을 짓는 사람들이 있다. 상대방이 볼 때 이런 태도는 거부와 저항으로 해석된다. 그러므로 어떤 상황에서든 상대를 불친절하게 쳐다본다거나 무뚝뚝하게 딴 데를 쳐다보며 눈 맞춤을 피하는 일이 없도록 주의하라. 남의 이야기를 듣거나 생각에 몰두할 때 당신이 속을 알

수 없는 표정을 지으면, 참석자들은 그것이 자기 개인에 대한 태도라고 생각한다. 곧 당신에 대한 호의는 마이너스로 떨어진다. 그러면 당신은 토론 분위기를 악화시키게 된다.

이와 반대로 토론에서 누군가가 당신에게 개인적으로 부정적이거나 상처 주는 말을 하면, 기분 나쁘다는 것을 인정하고 그것을 나타내라. 기분이 나쁘다고 말하라. 당신이 무엇 때문에 기분이 나쁜지 사람들이 알면 상황이 완전히 달라질 수 있다. 그들은 잘못을 고칠 것이며, 당신은 진실한 사람이라는 인상을 주게 된다. 공격을 받고서도 웃는 사람은, 그것이 당황한 웃음이라 해도 진실하지 못하고 줏대가 없으며 미덥지 못하게 보인다.

기분이 나쁘다고 느껴지면 앞에서 설명한 숨쉬기 연습을 하라. 다른 사람들은 눈치 채지 못할 것이다. 이제 당신은 차분해지고 힘과 자신감을 되찾을 수 있다.

8. 누가 주도적으로 말하는지 살펴라

누가 결정을 하는가? 결정이 당신을 결정한다.

- 로타르 슈미트(독일의 국민 경제 학자, 법률가)

여러 토론자들중 한 사람은 다른 사람들보다 말을 더 많이 한다. 그는 오피니언 메이커이거나 서열상 또는 조직의 원칙상 결정권을 가진 사람이다. 그는 특별히 중요하다. 토론에서는 이러한 사람에게 주의를 기울이고 관심을 보여야 한다. 이 사람을 설득하면 다른 대부분의 사람들을 설득한 셈이 된다. 그러면 당신은 다른 사람들이 의사 결정을 할 때 긍정적인 방향으로 영향을 미칠 수 있다.

그 사람이 앞에 나서지 않는 편이라면 누가 의결권을 쥔 사람인지 어떻게 찾아낼 수 있는가? 오늘날에는 결정권자들이 예전에 비해 좀처럼 나서지 않는다. 그들은 다른 사람들을 압도하지 않으려 하고, 독재자로 평가되길 꺼려한다.

토론 상대의 몸짓을 자세히 관찰하라. 그의 시선이 어느 한 사람에게 쏠리고 있음을 읽을 수 있다. 어떤 말을 꺼내기도 전에, 상대는 그 사람에게 눈을 돌린다. 또한 자신의 의견을 얘기하고는 그때마다 "제가 말을 해도 될까요?" "제가 방금 한 말에 동의하십니까?" 하고 물어

보기라도 하듯 그를 바라본다.

이제 당신은 이 사람에게 강력하게 어필해야 한다. 당신의 의견을 개진하기 위해 계획한 질문을 던져라. 단, 다른 참석자들을 그냥 내버려두지 않도록 주의하라. 이때문에 다른 사람들의 노여움을 살 수도 있다. 토론 탁자 맞은편에 앉은 사람이 오랫동안 한마디 말도 안 하고 있다면, 당신에게 불리하게 작용할 수도 있다. 그는 무의식적으로 당신에게 무시당했다고 느끼고, 갑자기 말을 낚아채어 당신을 공격할지도 모른다. 참석자들 모두가 토론에 활발히 참여하도록 배려해야 한다.

9. 일이 잘 풀리지 않을 때는 어떻게 하는가

토론이 항상 당신이 바라는 대로만 이루어지지는 않는다. 이해 관계의 충돌 때문에 의견의 일치나 조정이 거의 불가능할 수도 있다. 양측의 입장이 서로 너무 달라 목표가 완전히 반대되는 경우, 토론은 몹시 어려워지고 화해의 전망도 없이 서로 등을 돌리게 될 것이다. 그러한 상황에서는 토론 상대가 원하는 것과 그의 주요 논점, 반대

이유, 의견이 무엇인지 정확하게 이해하고 있어야 한다.

어떻게 토론을 지속시킬 것인가?

더 이상 진전이 없다고 판단되면, 토론을 중단하고 이어지는 협의 스케줄을 접는 것이 낫다. 가능하면 이제 상대편과 합의해서 새로운 일정을 잡고, 그때까지 상황이 더 악화되지 않도록 잘 마무리해 두어라. 자신은 책임자가 아니기 때문에 회사의 직속 상관(또는 다른 누구)에게 상황을 알려야 한다는 식으로 토론을 중단시킬 수 있다. 책임자에 대한 언급은 효과적이며, 중요한 시간을 벌어야 할 때에도 요긴하다. 명심해야 할 것은 상대편에게 다음 토론 때까지 '책을 참고' 하고 당신의 입장(관점)이나 요구를 재검토해 달라고 분명하게 요청하는 것이다.

포인트: 토론을 끝낼 때에는 긍정적인 말이 아닌 부정적인 표현을 하라. 예를 들어, 폐회사로 "우리는 길을 찾았다고 확신합니다"라고 말하면 당신이 불리해진다. 상대편은 이렇게 생각할 것이다. "이제까지 교만하게 굴더니 갑자기 굽히고 나오는군!" 이럴 경우 애써 벌어 놓은 시간이 당신에게 불리하게 작용한다. 그러나 "여러분께 큰 희망을 드릴 수가 없군요!"라고 말하면, "더 이상 어쩔 수 없나 보군. 어려운 상황인 모양이야" 하고 생각한다. 그리고 다음 협상 때까지의 시

간은 당신을 위한 것이 된다.

술책에 말려들지 말아라

다른 사람들도 설득과 협상의 화술을 사용한다. 아마도 토론 상대는 이런 점까지 고려했을 것이다. 이제 무엇을 해야 하는가? 상대의 술책을 어떻게 알아차릴 수 있을까? 술책은 대부분 갑작스럽게 이용된다. 당신이 깜짝 놀라는 그 순간도 술책에 의한 것이다. 갑자기 예상하지도 않았던 상황이 발생할 수도 있다.

여태까지 퉁명스럽던 사람이 갑자기 아주 상냥하게 변한다.
"뭔가가 이상하다."
그는 당신을 동요시키려는 것인가 아니면 당신의 의혹을 무마하려는 것인가?

전혀 기대도 안 했는데 사람들이 친근하게 말을 건다.
"도대체 저의가 뭘까?"

어떤 사람이 실례한다는 말도 없이 방에서 나가버린다.
"저 사람은 무슨 생각으로 저러는 것일까?"

당신은 곧바로 이런 생각을 하게 된다. 어쩌면 아무 일도 아닐지도 모른다. 어쩌면 아무 일도 아닌 게 아닐 수도 있다.

사람들이 계속 똑같은 말을 한다. 예를 들어, "우리는 지금 결정할 수 없습니다!" 이런 말은 오늘날 아주 자주 쓰인다.
당신은 무력해진다. "저 사람이 나를 자포자기하게 만들려는 것일까?"
나는 이런 상황을 "레코드판이 뛴다"고 표현한다.

사람들이 갑자기 적대적인 태도를 취하며 의도적으로 당신을 화나게 한다.
당신은 충격을 받아 스스로 되묻는다. "이게 뭘까? 무슨 일인가?"

사람들은 당신에게서 바로 이런 반응을 얻어내려고 하는 것이다. 이럴 때는 공격하지 말고, 다른 사람의 공격에 솔직하게 대응하며, 상대에게 격식 있고 분명한 토론 형식에 맞추어 말할 것을 요구하라. 말의 톤이 갑작스레 변한 이유가 무엇인지 물어라.

사람들이 당신에게 무례하게 군다.

이럴 때엔 한 가지 방법밖에 없다. 지금 이 순간 느끼는 불쾌감을 즉각 입 밖에 내어 말하라. "방금 하신 말씀은 불쾌합니다!"

감정 표현은 사람들의 동정심에 호소해, 본론에서 벗어났을지도 모르는 분위기를 다시 차분하게 돌려놓을 수 있다. 감정을 표현하는 방법은 앞에서 설명한 적이 있다. 이렇게 입 밖에 내어 말하는 것도 소용이 없으면 토론을 중단하라. 하지만 침착성을 유지하면서, 새로운 일정을 잡아라.

찬성할 것인가 거부할 것인가

누군가가 생각할 시간도 주지 않고 어떠한 요구사항을 강력하게 주장한다면 당신은 압박감을 느낄 것이다. 상대방 역시 마찬가지이다. 당신이 상대방에게 무리한 요구를 하면, 그 상대방은 압박감을 느끼게 된다. 당신도 똑같은 처지에 있음을 명심해라. 입장을 고수할 것인지 아니면 양보할 것인지 당장 결정해야 한다. 어렵지만 반드시 해야 한다!

사람들은 대개 목표를 고수한다. 똑같이 고집을 부리면, 협상을 위험에 빠뜨리거나 수포로 돌아가게 만든다. 그렇다고 너무 빨리 양보하면 약해 보이고, 또 너무 오래 고수하면 완고해 보인다. 그렇게 긴장된 상황에서는 협상을 조율하는 것이 더 낫다.

> 협상의 연장은 힘의 산물이고, 고집은 연약함, 즉 이해부족의
> 산물이다.
>
> – 마리 폰 에브너 에셴바흐(오스트리아 문예훈장을 받은 작가)

어떤 경우든 충분히 시간을 가져라. 어떤 경우에도 압박감에 떠밀려서는 안 된다. 압박감은 사람들이 가장 자주 이용하는 계책이다. 사람들이 "오늘 결정하든지 아니면 관두시오!"라고 말하는 것은 단지 설득하기 위한 방법일 뿐이다. 시간을 벌 궁리를 하라. 휴식 시간을 제안하여, 상대측의 토론자 몇 명과 비공식적인 대화를 나누어라. 당신은 그들의 개인적인 의견을 듣게 될 것이다. 어쩌면 실제 토론장의 분위기만큼 상황이 나쁘지 않다는 것을 알게 될 것이다. 휴식시간에 당신은 회사에 전화를 걸 수도 있고 잠깐 산책을 하고 올 수도 있다. 어떤 경우든 침착하게 대책을 생각하라.

양보하기 전에 자문하라

양보하기 전에 미리 생각할 시간을 갖는다고 해서 당신을 나무랄 사람은 없다. 자신에게 다음과 같은 질문을 던져라.

· 양보하는 것이 정말 옳은가?

· 나 개인에게는 어떤 결과가 올 것인가?

· 사람들이 이 일로 나를 비판하거나 '벌' 하지는 않을까?

· 나는 어떤 신뢰를 잃게 될까?

· 체면이 깎이게 될까?

· 내가 양보하기로 결정한 게 공정한 것일까?

· 사업 파트너는 뭐라 말할까?

· 상관은 어떤 반응을 보일까?

· 동료들과 관련자들이 이 양보를 지지해 줄까?

· 이 양보가 이제까지의 내 논점에 부합하는가?

· 이 양보에(특히 가격 할인일 경우) 수긍할 만한 근거가 있는가?

· 이 양보를 통해 위험한 선례를 남기는 게 아닐까?

· 다른 가능성이 더 있지 않을까(다른 방식이 환영받지 않을까)?

· 더 기다린다면 어떤 위험이 있을까?

· 내가 완강하게 나가면 어떤 최악의 상황(최악의 시나리오)이 벌어질까?

이 모든 질문에 답하고 양보의 결과에 대해 생각하려면 시간이 필요하다.

너무 상심하지 말아라

이번 일이 잘 안 되어도 실망하지 말아라. 다음번에는 꼭 성공할 것이다. 상대가 일방적이고 무분별하고 이기적으로 나온다면 그냥 포기하라. 당신은 앞으로 그러한 사람과는 함께 일하지 않을 것이다. 협조적이고 이해심 많고 공정하고 친절한 다른 사람을 찾아보라. 그런 사람은 많다!

내 개인적인 경험상, 항상 이해와 친절로 대하는 사람과 함께 일할 때 장기적으로 가장 큰 성공을 거둘 수 있었다. 어떤 이유에서인지 내적인 거리감을 조성하고 공격적이고 무례한 행동을 하는 사람과는 결코 성공적으로 일할 수 없었다.

> 협조적인 사람이 좋은 파트너이다. 무엇보다도 당신의 파트너와 인격적인 조화를 도모하라.

스스로 질문하라. "내가 이 사람을 (여전히) 신뢰하는가?" 신뢰는 협동이 이루어지는 바탕이다. 신뢰가 형성되면 굳건한 결속이 생기고 계속 성장해 나아간다. 그러나 한번 신뢰에 타격을 입으면 사람들이 당신을 속이고 결국 배반하지 않을까 전전긍긍하게 된다. 한번 신뢰를 잃으면 끝장이다. 한번 무너진 신뢰는 다시는 돌이킬 수 없다.

심한 말로 들리겠지만, 미리미리 알아두는 게 상책이다. 신뢰가 없는 파트너십이란 해체되게 마련이고, 다시 쌓아올리더라도 지속되지 못한다. 똑같은 실망이 항상 반복된다. 한번 사기꾼은 영원한 사기꾼이다. 한번 거짓말쟁이는 영원히 거짓말쟁이다!

한번 배신을 당한 후엔 시종일관 굳건한 모습을 지녀라. 어떤 사람이 당신에게 아무리 '이번 한 번만'이라고 열렬히 맹세해도 반드시 '이번 한 번'에 그치지 않는다는 것을 알아야 한다. 절대성과 정직은 예외를 인정하지 않는다.

> 정직은 타협을 모른다. 다른 사람들이 서로에게 정직한지는 알 필요가 없다.
> 그러나 당신에게 정직하지 못한 사람과 교제할 필요도 없다.

참고문헌

로저 피셔(Roger Fisher) 외, 『하버드 컨셉(Das Harvard-Konzept)』, 1984

다니엘 골만(Daniel Goleman), 『감성 지능(Emotionale Intelligenz)』, 1996

게르트루트 횔러(Gertrud Höhler), 『승리자를 위한 행동규칙(Spielregeln Für Sieger)』, 1992

게르트루트 횔러(Gertrud Höhler), 『수늑대 밑에 암늑대(Wölfin unter Wölfen)』, 2000

해리 홀초이(Harry Holzheu), 『자연스러운 판매(Natürliches Verkaufen)』, 2000

해리 홀초이(Harry Holzheu), 『웃지 않는 사람은 경영할 수 없다 - 감성 판매(Wer nicht lächeln kann, macht kein Geschäft—Emotional Selling)』, 2000

해리 홀초이(Harry Holzheu), 『머묾 - 경영에서 무엇을 얻고자 하는가(Dranbleiben - Worauf es im Geschäftsleben ankommt)』, 2001

로저 피셔(Roger Fisher) 외, 『까다로운 협상(Schwierige Verhandlungen)』, 1991

앨버트 지글러(Albert Ziegler), 『말로 하는 대답 - 의사소통과 윤리(Verantwortung durch das Wort—Kommunikation und Ethik)』, 2000

자연스럽게 말하고 확실하게 설득하라

- 토론 권하는 사회의 생존 전략

지은이/ 해리 홀초이
옮긴이/ 정상희

1판 1쇄 펴낸날/ 2003년 4월 25일
1판 2쇄 펴낸날/ 2005년 7월 5일

펴낸이/ 이보환
펴낸곳/ 도서출판 사람과책
등록일자/ 1994년 4월 20일
등록번호/ 제16-878호

주소/ 우편번호 135-907 서울시 강남구 역삼1동 605-10 세계빌딩 5층
전화/ (02)556-1612~4
팩스/ (02)556-6842
이메일/ publisher@mannbook.com
홈페이지/ www.mannbook.com

ISBN 89-8117-074-6 03320